XINGZHENG CHENGXU
KANGBIANQUAN LUN

行政程序抗辩权论

龚向田◎著

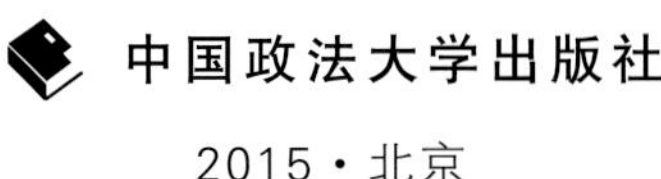

2015 · 北京

感谢湖南省社科基金的资助

目录 CONTENTS

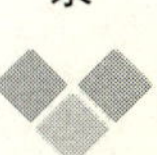

导 论

一、问题之缘起与研究意义

在现代社会，随着社会事务日益繁杂、政府职能不断强化，行政权已由狭义的行政执法权扩展为涵盖行政立法权和行政司法权在内的广义的行政执法权。相应地，行政程序也由狭义的行政执法程序扩充为包括行政立法程序及行政司法程序在内的广义的行政执法程序。限于篇幅关系，本书仅对狭义的行政执法程序给予研究，换言之，“行政程序抗辩权论”即“狭义的行政执法程序抗辩权论”，不涉足行政立法程序抗辩权和行政司法程序抗辩权。

本书以“行政程序抗辩权论”作为选题展开研究，主要归因于现代行政法治时代实践的呼唤、行政程序抗辩权理论的贫困以及制度的缺失。

自20世纪以来，随着社会关系日益复杂和社会事务日益专业化、技术化，行政裁量权已发展成为行政权不可或缺的主体部分，甚至有“行政法被裁量的术语统治着”的论断。裁量权能使行政主体审时度势、灵活机动地处理问题，极大地提高行政效率，体现行政法治公正合理。但是裁量权也容易导致行政权力行使的主观性和任意性，造成行政权的滥用和失控，从而对公民的合法权益造成损害。因此，怎样在赋予行政主体一定的、必要的裁量权以保证行政的灵活性、高

效性、合理性的同时，又对之加以适度的规范和控制，以防止其滥用造成对相对人及公共利益的损害，这是一个重大的现实问题。

传统行政法对行政权的制约主要采取的是实体控权机制，即“权力制约权力”模式。然而，立法权、司法权对行政权的制约具有自身不可避免的局限性，譬如，立法权对行政权的制约具有滞后性、有限性以及外部性等不足；司法权对行政权的制约具有司法审查范围的有限性、司法审查的被动性以及司法审查强度的有限性等局限。因此，为了更加有效地制约行政权，现代行政法除了采取“权力制约权力”模式外，还必须采取程序控权机制，即“权利制约权力”模式。通过行政程序来控制权力，实现对行政相对人合法权益的保护，是现代法治国家的一个重要特征。行政程序作为现代法治的控权机制，是对传统法治控权机制的超越，因为“它可避免传统实体控权机制的僵硬、死板，既不过于束缚政府行为的手脚，又可防止政府实施行政行为的恣意、滥权；有利于充分调动行政相对人参与国家管理、参与行政行为的积极性，避免传统法治‘以权力制约权力’的局限性；有利于改进政府内部运作机制，提高行政效率；有利于事前、事中纠错，尽量避免给行政相对人和社会公众造成不可挽回的损失”〔1〕。

显然，行政程序对行政裁量权制约是现代行政法治实践的必然，但行政程序的核心是听证，听证程序的核心又是抗辩，即“当事人可以对于自己不利的证据提出异议并要求指控方加以证明，同时可以提出有利于自己的证据。当事人通过这种参与、介入对行政行为的事实和理由加以论证，防止了行政专横

〔1〕 姜明安：“行政程序：对传统控权机制的超越”，载《行政法学研究》2005年第4期。

和自由裁量权的恣意行使，保持了行政权力与相对人权利的平衡。”〔1〕实践表明，行政主体忽视或侵犯行政相对人行政程序抗辩权的情形颇多，比如，关于“田永诉北京科技大学案”，法院认为：“按退学处理，涉及被处理者的受教育权利，从充分保障当事人权益的原则出发，作出处理决定的单位应当将处理决定直接向被处理者着本人宣布、送达，允许被处理者本人提出申辩意见。北京科技大学没有照此原则办理，忽视当事人的申辩权利，这样的行政管理行为不具有合法性”〔2〕。这就是一个相当典型的行政主体忽视或侵犯行政相对人行政程序抗辩权的个案。虽然法院对当事人田永的行政实体权利与行政程序抗辩权给予了救济，但这只是一种事后救济，它以国家和个人付出一定的经济成本为代价。如果行政主体在作出不利于行政相对人的决定之前告知与保障了行政相对人的抗辩权，行政相对人也积极有效地行使了抗辩权，那么将有利于行政主体事前、事中纠错，更好地维护行政相对人的权利。因此，对于为什么行政主体在行政过程中会忽视行政相对人的行政程序抗辩权、为什么行政主体在行政过程中应该尊重与保障行政相对人的行政程序抗辩权、行政主体在行政过程中应怎样尊重与保障行政相对人的行政程序抗辩权、行政相对人如何在行政过程中充分意识到有效行使自己的行政程序抗辩权等问题，学术界与实务界应作出及时、合理的回应。

然而，我国目前在行政程序抗辩权的理论探究和制度建设方面还很不成熟。就理论探究而言，目前学界对行政程序抗辩权的研究还处于萌芽或幼稚之状，既没有以“行政程序抗辩权”

〔1〕 湛中乐：《现代行政过程论：法治理念、原则与制度》，北京大学出版2005年版，第208页。

〔2〕 详见《中华人民共和国最高人民法院公报》1999年第4期。

为专题研究的期刊论文，也没有以“行政程序抗辩权”为专题研究的硕士、博士论文，更没有以“行政程序抗辩权”为专题研究的专著。相关科研成果除了对行政程序抗辩权的概念有诸多探讨之外，对行政程序抗辩权的理论基础、价值表征以及保障与救济等都有失系统、深入之研究，而且对行政程序抗辩权的概念本身的界定也是众说纷纭，歧义丛生、较为混乱。对此，在下述的“理论现状”中将作进一步的说明。

就制度建设而言，1996年全国人大通过并于2009年修正的《行政处罚法》与2003年全国人大常委会通过的《行政许可法》都有对行政程序抗辩权的规定，譬如，《行政处罚法》第32条规定：“当事人有权进行陈述和申辩。行政机关必须充分听取当事人的意见，对当事人提出的事实、理由和证据，应当进行复核；当事人提出的事实、理由或者证据成立的，行政机关应当采纳。行政机关不得因当事人申辩而加重处罚。”《行政处罚法》第41条规定：“行政机关及其执法人员在作出行政处罚决定之前，不依照本法第31条、第32条的规定向当事人告知给予行政处罚的事实、理由和依据，或者拒绝听取当事人的陈述、申辩，行政处罚决定不能成立；当事人放弃陈述或者申辩权利的除外。”《行政许可法》第7条规定：“公民、法人或者其他组织对行政机关实施行政许可，享有陈述权、申辩权……”毋庸置疑，这两部单行法对行政相对人行政程序抗辩权的规定，是适应现代行政法治潮流的壮举，具有划时代的意义，然而，行政程序抗辩权制度化建设还任重道远，一方面，立法者仅在单行法律法规中赋予特定相对人对特定行政行为的抗辩权，这对同样需要抗辩的其他行政行为，但因抗辩权的立法缺位而得不到公正保障，因此，应当由行政程序法对抗辩权制度及其标准作统一规定。另一方面，这两部单行法对行政相对人行政程序抗辩权的规定本身还存在诸多缺失：就宏观层面而言，一是仅限于赋权性规定，对于行政相对人如何有效行使行政程序抗辩权缺少具体的操作规范；二是立法者虽然规定了行政主体应该尊重与保障行政相对人抗辩权的程序义务，但缺乏行政主体违反程序义务应负何责的规定，以致未能树立起应有的法律权威，并基于这种权威切实发挥出规范和制约行政主体与保障相对人行政程序抗辩权的功效。就微观层面而言，《行政处罚法》对于什么是行政处罚听证程序中的抗辩权、行政处罚听证程序中抗辩权适用的条件怎样以及行政处罚听证程序中抗辩权运行的理想状态如何等问题，还有待进一步完善与发展；相较于行政处罚听证程序抗辩权，《行政许可法》对行政许可听证程序抗辩权的有关规定有很大的进步，但对于什么是行政许可听证程序中的抗辩权、行政许可听证程序中抗辩权适用的条件怎样以及行政许可听证程序中抗辩权运行的理想状态如何等问题，行政许可法同样还有待进一步完善与发展。

综上所述，一方面现代行政法治实践呼唤行政程序抗辩权的构建，而另一方面我国当下的现状是行政程序抗辩权理论的贫困与制度的缺失。有鉴于此，本文拟对行政程序抗辩权的本体、行政程序抗辩权的理论基础、行政程序抗辩权的价值以及行政程序抗辩权的保障与救济等问题展开系统、深入之研究。由此试图回答为什么行政主体在行政过程中会忽视行政相对人的行政程序抗辩权、为什么行政主体在行政过程中应该尊重与保障行政相对人的行政程序抗辩权、行政主体在行政过程中应怎样尊重与保障行政相对人的行政程序抗辩权、行政相对人如何在行政过程中充分意识到并有效行使自己的行政程序抗辩权等问题。显然，这些问题的回答，无论对行政程序抗辩权理论的发展、行政程序抗辩权制度的构建还是对行政法治实践的指

导，都具有重要意义。

二、理论现状与理论创新

（一）理论现状

对于行政程序抗辩权的研究，目前国内外的学者还处于萌芽之状，国外学者主要在研究正当法律程序或程序正义中涉及抗辩权或与抗辩权相类似的概念，没有系统、深入之探讨。在国外，尤其是英美法系和大陆法系国家，随着行政程序立法以及其正当程序原则的确立与发展，社会观念随之发生变化，形成了以“程序正义”为核心的一些重要理论，然后在这些理论的指导下学者们提出了许多关于行政程序内容建构的观点或思路以及关于听证或听证制度的理论，在这些理论的阐述中涉及了抗辩权。

1. 关于程序正义在法律程序中究竟有哪些具体要求，西方许多学者都作过有益的探讨，其中涉及了抗辩权的零星阐述。美国学者泰勒认为，评价某一法律程序是否公正有“六项”价值标准，即程序和决定的参与性；结果与过程的一致性；执法者的中立性；决定和努力的质量；纠错性；伦理性。[1]其中程序和决定的参与性，应隐含着相对人的抗辩权。戈尔丁认为程序公正包含“九项”内容，即任何人不能作为有关自己案件的法官；结果中不应包含纠纷解决者个人的利益；纠纷解决者不应有支持或反对某一方的偏见；对各方当事人的意见均给予公平的关注；纠纷解决者应听取双方的辩论和证据；纠纷解决者只应在另一方当事人在场的情况下听取对方的意见；各方当事人应得到公平机会来对另一方提出的辩论和证据作出反应；解

〔1〕 See Tom R. Tyler, “What is procedural Justice”, in *Law and Society Review*, Vol. 22 (1988).

决的诸项内容应以理性推演为依据；分析推理应建立于当事人作出的辩论和提出的证据之上。[1] 显然，戈尔丁的程序公正的九项内容凸现了当事人的抗辩权，并且就如何保障有效抗辩，提出了精辟的看法。萨默斯认为“程序价值”有“十项”基本内容，即参与性统治；程序正统性；程序和平性；人道性及尊重个人的尊严；个人隐私；协议性；程序公平性；程序法治；程序理性；及时性和终结性。[2] 其中，参与性统治与协议性应包含抗辩性。贝勒斯则将“程序价值”总结为“七项”原则，即和平原则；自愿原则；参与原则；公平原则；可理解原则；及时原则；止争原则。[3] 其中，参与原则应隐含抗辩权的内容。

2. 关于行政程序内容的建构，西方学者认为，最主要的有最低公正标准、避免偏私原则、行政参与原则以及行政公开原则等。譬如，就最低公正标准而言，美国学者欧内斯特·盖尔霍恩等认为，“程序性正当程序概念的意思是，正式行政必须符合个人的最低公正标准，如得到充分通知的权利和在作出裁决之前的有意义的听证机会等”。其中的听证机会，包含了听取相对人抗辩意见的机会。[4] 就避免偏私原则而言，英国学者威廉·韦德认为，自然正义是关于公正行使权力的“最低限度”的程序要求，其核心思想有二：一是公平听证规则，即任何人或团体在行使权力可能使别人受到不利影响时必须听取对方意

---

〔1〕 参见［美］马丁·P. 戈尔丁著，齐海滨译：《法律哲学》，生活·读书·新知三联书店1987年版，第240页。

〔2〕 See Robert S. Summers, “Evaluating and Improving Legal Procedure—A Plea For ‘Process Values’”, *Cornell Law Review*, Vol. 60 (1974).

〔3〕 参见［美］迈克尔·D. 贝勒斯著，张文显等译：《法律的原则——一个规范的分析》，中国大百科全书出版社1996年版，第34页。

〔4〕 ［美］欧内斯特·盖尔霍恩、罗纳德·M. 利文著，黄列译：《行政法和行政程序概要》，中国社会科学出版社1996年版，第119页。

见，每一个人都有为自己辩护和防卫的权利；二是避免偏私规则，即任何人不能成为自己案件的法官，也就是说某案件的裁决人不得对该案持有偏见和拥有利益。[1]其中的公平听证规则集中体现了相对人的抗辩权。

3. 国外学者对听证或行政听证有较多的探讨，而行政程序抗辩权与听证有着天然的密切联系，因为无论是正式听证还是非正式听证必然蕴含行政程序抗辩权这一核心权利在内，否则，所谓听证只是一种无效的或毫无意义的摆设。如此，国外学者在研究听证或行政听证理论时，也就隐含了对行政程序抗辩权的分析。

（1）关于听证的含义揭示，涉及行政程序抗辩权。众所周知，听证的实质是听取对方当事人的意见，日本学者行政法学界认为，行政听证是指“行政机关作出影响相对人权益的决定时，就与该行政决定有关的事实及法律适用问题，提供当事人申述意见、提出证据的机会的程序”[2]。此概念中的“当事人申述意见、提出证据”是行政程序抗辩权的具体表现。

（2）关于听证的形式，国外学者认为，听证一般可分为正式听证与非正式听证两种形式，其中非正式听证运用的场合更多、更广。如有学者指出，在美国的行政程序实践中，非正式的听证程序占了绝对的优势，尤其在行政机关对具体案件的裁决活动中，正式听证程序所占分量不到1%，而90%以上采取的是非正式听证程序。[3]德国行政程序法也存在正式听证与非

---

〔1〕参见［英］韦德著，徐炳等译：《行政法》，中国大百科全书出版社1997年版，第95页。

〔2〕［日］室井力主编，吴微译：《日本现代行政法》，中国政法大学出版社1995年版，第178页。

〔3〕See Wainer W. Gardner, “The informal action of the Federal Government”, in 26 *American University Law Review*, p. 799 (1977).

正式听证两种形式，关于正式听证，哈特穆特·毛雷尔认为："听证申请应当书面提出或者由行政机关记入笔录；有关参加人听证和证人、鉴定人参与的规定比一般的程序规则严格；原则上应必须进行言词审理；行政决定应当以书面方式作出，说明理由，并送达参加人。"[1]关于非正式听证，印度学者 M. P. 赛夫认为："听审的权利是不得违背的法律程序（legal procedure）的一个组成部分。然而，如同在普通法中一样，在德国法中，也不存在着任何坚决要求口头听审（oral hearing）的情况。事实上，如果给予当事人双方书面表达其意见的机会，也符合听审要件的原则及其惯例。"[2]日本学者认为，日本《行政程序法》也存在正式听证与非正式听证两种形式，关于正式听证，宇贺克也教授认为"主要在于明示关于不利于相对人之处分，亦即限制相对人之权利或课以相对人义务之处分，不得为突袭性之裁定"[3]。关于非正式听证，芝池义一教授认为，日本《行政程序法》规定的辨明程序属于非正式听证性质，而且除了法律上重大不利益处分适用正式听证程序外，一般都广泛地运用辨明程序。[4]学者盐野宏认为，适用辨明程序的行政行为"是成为听证程序的对象的处分以外的不利处分。概括地说，许可的停止、设施改善命令等，与成为听证程序对象的处分相比较，

---

〔1〕［德］哈特穆特·毛雷尔著，高家伟译：《行政法学总论》，法律出版社 2000 年版，第 452 页。

〔2〕［印］M. P. 赛夫著，周伟译：《德国行政法：普通法的分析》，台湾五南图书出版公司 1991 年版，第 95 页。

〔3〕［日］宇贺克也著，简玉聪译："日本行政程序法"，载《东亚行政法研究第三届年会暨行政程序法国际研讨会论文集》，1998 年 11 月，第 42 页。

〔4〕参见日本芝池义一教授 1997 年 9 月在上海举办的"听证高级讲座"上的演讲。

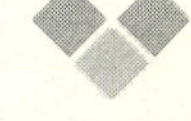

对相对人的利益侵害程度轻微的即属于此类"[1]。由于听证必然包含抗辩因素，因此，我们可以从上述学者关于听证形式的分析中推导出行政程序抗辩权也分为正式行政程序抗辩权与非正式行政程序抗辩权，其中，非正式行政程序抗辩权在行政程序实践中倍受青睐。

（3）关于听证的适用范围，美国学者认为，《美国联邦宪法》修正案第5条和第14条规定，未经正当法律程序（听证则是正当法律程序的主要内容）不得剥夺任何人的生命、自由或财产。但在传统理论中，由于正当法律程序保护的是普通法上的权利，因此，如果当事人在普通法以外从政府方面所取得的利益，就是特权而非权利，是出于政府的赏赐，不受正当法律程序的保护，政府对于特权可以随时取消。传统的特权理论终止于1970年戈德伯格诉凯利案，法院认为，正当法律程序保护个人和组织依法可以主张的一切财产和自由利益，当这些利益可能受到行政行为的不利影响时，当事人有取得听证的权利。如此，听证程序保障权利的适用范围也随之扩大，尽管在理论上对自由和财产的理解和界定仍有争议。[2]由于抗辩权蕴含于听证中，故而，此学者关于听证的适用范围的看法隐含了行政程序抗辩权的适用历经了一个从保护普通法上的利益至保护特权的过程。再如美国学者理查德·B. 斯图尔特认为，行政听证程序应成为一个普遍要求的场合在于政府行为之正当理由的事实存有争议、重要的自由或财产利益受到威胁，而且在听证过

〔1〕［日］盐野宏著，杨建顺译：《行政法》，法律出版社1999年版，第221页。

〔2〕参见［美］杰罗姆·巴伦、托马斯·迪罗斯著，刘瑞祥等译：《美国宪法概论》，中国社会科学出版社1995年版，第109～133页；转引自杨惠基：《听证程序概论》，上海大学出版社1998年版，第66页。

程中，利益受到威胁的行政相对人有机会呈示证据并对行政行为的事实依据与法律理由予以质疑。[1]此处的“质疑”，是相对人行政程序抗辩权的应有之义。

（4）关于听证的保障，一是必须坚持案卷排他性原则，譬如，美国学者伯纳德·施瓦茨说：“案件的排他性是受公正审讯的核心，……如果没有这一原则，审讯就会成为骗局。行政机关可以走形式，接纳堆积如山的证言和书证，但是，如果行政机关可以依据未在审讯中出示的材料作裁决，那么厚厚的案卷就成了掩盖真相的假面具，秘密的证据或几分钟的秘密会议就可以推翻长时间的审判。”[2]又如美国学者理查德·B. 斯图尔特认为，行政机关不仅应根据可定案证据（substantial evidence）进行事实认定，而且如果启动了听证程序，行政机关应严格依据在听证过程中形成的听证记录来决定行政管理事宜。[3]二是必须由公正的主持人主持听证，伯纳德·施瓦茨强调“由公正、超党派的审讯官主持的公正听证是行政裁决程序的精髓。如同法院的法官所作的裁决一样，行政官员在听证中所作的裁决也必须由公正、超党派的审讯官作出。如果审讯官或行政机关受到法律偏见的影响，那么行政裁决则是无效的”[4]。此外，日本行政法学界认为，确保公听会的公正性或有实质意义的条件至少包括两个方面：一方面行政机关应在公听会开始之前，公布

---

〔1〕参见［美］理查德·B. 斯图尔特著，沈岿译：《美国行政法的重构》，商务印书馆2002年版，第8页。

〔2〕［美］伯纳德·施瓦茨著，徐炳译：《行政法》，群众出版社1986年版，第329页。

〔3〕参见［美］理查德·B. 斯图尔特著，沈岿译：《美国行政法的重构》，商务印书馆2002年版，第8页。

〔4〕［美］伯纳德·施瓦茨著，徐炳译：《行政法》，群众出版社1986年版，第281页。

有关公听资料、文件，并为公民提供查阅的机会；另一方面行政机关应当公布听证的结果在行政决定中如何得到体现的。[1]由于抗辩是听证的内核，因此，伯纳德·施瓦茨理及查德·B.斯图尔特关于听证的保障的观点隐含着行政程序抗辩权的保障也应坚持案卷排他性原则与由公正的主持人主持听证。

国内学者对行政程序抗辩权的研究涉及了行政程序抗辩权的概念、行政程序抗辩权的理论基础、行政程序抗辩权的价值以及行政程序抗辩权的保障与救济等问题，但也只是一些零星、欠深入的探讨。

1. 关于行政程序抗辩权的概念。对行政程序抗辩权的概念的界定，学界已有诸多看法，但还无统一的看法，可谓仁者见仁、智者见智。

（1）有的学者认为行政程序抗辩权包括质证权和抵抗权。“这类程序性权利是行政相对人在行政行为过程或其后的行政听证等程序中，要求行政主体说明其行为的理由、依据，并为自己进行辩解和驳斥行政主体的理由和依据，在法律规定的范围内，对明显程序违法的行政行为予以直接抵抗的权利，拒绝履行违法行政行为确定的义务，使违法的行政行为不能发生效力”[2]。显然，这种看法存在很大问题，因为行政程序抵抗权在学界已有普遍或权威的界定：行政相对人对已作出的无效行政行为在实施过程中予以抵抗使其不能发生法律效力的权利。而行政程序抗辩权是“行政相对人针对行政主体提出的不利指控，依据其掌握的事实和法律向行政主体提出反驳，旨在法律上消

〔1〕参见［日］室井力主编，吴微译：《日本现代行政法》，中国政法大学出版社1995年版，第180~181页。

〔2〕魏建新：“行政相对人程序权利研究”，苏州大学2002年硕士学位论文。

灭或者减轻行政主体对其提出的不利指控的权利"[1]。因此，两者有着本质的区别。

（2）有的学者把行政程序抗辩权与行政程序听证权混为一谈，譬如，有学者认为，"听证权的实质是：在行政机关针对特定的个人作出不利于他的决定之前，个人有权要求行政机关听取其意见并有权为自己的利益辩护"[2]。还有学者认为，"听证权是行政相对人或相关人在有第三方主持的特定场合，针对行政主体拟作出的行政决定及其法律依据和事实根据与行政主体进行质证的权利，是以准司法化的方式和程序进行陈述和申辩的权利"[3]。

（3）有的学者对"申辩权"做了界定，其实也就是对"行政程序抗辩权"的界定。比如，柳砚涛教授等认为，"申辩权是行政相对人或者相关人享有的、对行政主体的观点、认定、理由、决定等进行申诉、辩解的权利"[4]。李卫华博士认为，"申辩权是行政相对人和相关人针对行政主体提出的不利指控或拟作出的不利决定，依据法律和其掌握的事实向行政主体提出辩解和反驳，以消灭或者改变行政主体对其的不利指控或决定的权利"[5]。因此，我们认为行政程序申辩权应等同于行政程序抗辩权，我国《行政处罚法》中所规定的申辩权概念，即抗辩权概念。还有学者认为："事实论辩的程序权利，是指行政相对人

---

〔1〕 章剑生："论行政相对人在行政程序中的参与权"，载胡建淼主编：《公法研究》，商务印书馆2004年版。

〔2〕 王锡锌："行政过程中相对人程序性权利研究"，载《中国法学》2001年第4期。

〔3〕 李卫华："行政参与主体研究"，山东大学2008年博士学位论文。

〔4〕 柳砚涛、刘宏渭："行政相对人权利研究"，载《黑龙江省政法管理干部学院学报》2005年第4期。

〔5〕 李卫华："行政参与主体研究"，山东大学2008年博士学位论文。

就有关涉及自身权益的事实在行政执法中与行政主体进行论辩的权利”。[1]这也是对行政程序抗辩权的探讨。

（4）有的学者在形式上直接以“抗辩权”为名对行政程序抗辩权给予了界定，比如，学者赵振华认为，“抗辩权指行政相对人有权对行政主体出示的证据和告知信息进行辩解和质证”[2]。学者章志远认为：“抗辩权是指行政相对人针对行政主体所提出的不利指控，享有依据其掌握的事实和法律进行辩解和反驳的权利。”[3]章剑生教授认为：“抗辩权是行政相对人针对行政主体提出的不利指控，依据其掌握的事实和法律向行政主体提出反驳，旨在法律上消灭或者减轻行政主体对其提出的不利指控的权利。”[4]

2. 关于行政程序抗辩权的理论基础。学界关于行政程序抗辩权的理论基础的探讨还较为简单、零星，还有待深入与系统化。例如，章剑生认为“确认行政相对人的抗辩权的法理基础是，当行政主体运用行政权限制、剥夺行政相对人的自由权、财产权等法律权利时，应当给予行政相对人抗辩的权利”[5]。这是一种基本人权保障理论，但对于什么是基本人权以及为什么要保障基本人权等问题，作者根本没有揭示。有的学者认为行

〔1〕关保英：“论行政相对人的程序权利”，载《社会科学》2009年第7期。

〔2〕赵振华：“刍议行政相对人的程序对抗权”，载《法学论坛》2000年第3期。

〔3〕章志远：“行政相对人程序性权利研究”，载《中共长春市委党校学报》2005第1期。

〔4〕章剑生：“论行政相对人在行政程序中的参与权”，载胡建淼主编：《公法研究》，商务印书馆2004年版；姜明安主编：《行政法与行政诉讼法》，北京大学出版社、高等教育出版社2007年版，第377页。

〔5〕章剑生：“论行政相对人在行政程序中的参与权”，载胡建淼主编：《公法研究》，商务印书馆2004年版；姜明安主编：《行政法与行政诉讼法》，北京大学出版社、高等教育出版社2007年版，第377页。

政程序抗辩权的理论基础是行政沟通理论。譬如，在闫丽彬博士看来，行政程序对话的过程是在行政程序中，行政主体与行政相对人或利害关系人之间的交流和讨论过程，更是一个主体互动、协调合意的过程，包括陈述、辩论以及期待三种构成要素。[1]但此观点对“行政程序抗辩权的理论基础是行政沟通理论”的论证还不太充分。此外，还有学者从正当程序的角度论证行政程序抗辩权的理论基础，孙笑侠教授认为，行政程序是否正当首先看它是否承认并保障听证权、辩论权、回避权、知情权等程序性权利，否则这种行政程序就不会是正当的程序。[2]此观点肯定了正当程序是行政程序抗辩权的理论基础，是科学合理的，但对于正当行政程序与政程序抗辩权之关系的阐述还有待深入。

3. 关于行政程序抗辩权的价值。学界关于行政程序抗辩权的价值研究有一定的贡献，但还存在欠深入、充分以及周延等问题。譬如，湛中乐教授等在评《行政处罚法》中程序性规定时指出，申辩和质证的价值有三：①可以促使行政主体在作出行政处罚决定时依法行政；②可以澄清事实、避免失误、维护当事人合法权益；③可以促进行政相对人法治观念的形成。[3]其实，此观点主要说明了行政程序抗辩权的价值在于促进法治行政，但行政程序抗辩权的价值应该是多元的，因此，作者的观点过于狭窄。学者谭元满在论证申辩权的法律意义，即抗辩权的价值时认为，抗辩权的价值体现在促进正义行政、效率行

〔1〕 参见闫丽彬：“行政程序价值论”，吉林大学2005年博士学位论文。

〔2〕 参见孙笑侠：“法律程序设计的若干法理——怎样给行政行为设计正当的程序”，载《政治与法律》1998年第4期。

〔3〕 参见湛中乐、王敏：“行政程序法的功能及其制度——兼评《行政处罚法》中程序性规定”，载《中外法学》1996年第6期。

政以及实体正确三方面。[1]但除了对效率行政论证得较为充分外，其余两项还较为浅薄，且不够严谨。对行政程序抗辩权的价值研究较为全面的当属孙笑侠教授，他认为，通过相对人对行政权力的抗辩，不仅可以保持行政权力与相对人权利的平衡（行政权力与相对人权利的平衡正是通过相对人享有抗辩权而实现的），而且还可以增进行政效率与公民自由的关系的协调、促使形式合理性与实质合理性的结合。[2]显然，孙教授从和谐行政、效率行政、人权行政以及法治行政等角度全面论证了行政程序抗辩权的价值，但通观其论证的具体内容，还有待拓展与深入。

4. 关于行政程序抗辩权的保障与救济。关于行政程序抗辩权的保障与救济，学界的研究还相当匮乏、有失深入与系统化。有的学者认为知情权是抗辩权的保障，“知情权主要包括观察权与了解权，虽然这两项权利多少还有些停留在‘感性’阶段，但它们却为‘理性’的抗衡即获取抗辩权奠定基础”[3]。有的学者认为，表达权（包含抗辩权）的保障，“仅有法律规定的程序权利制度还不足够，权利主体实现权利的能力也是一个重要因素，因此，通过公民权利特别是表达权的代理行使机制，使律师等法律工作者进入到行政过程中帮助相对人和相关人对行政主体提出的法律判断进行议论，能够弥补当事人相对于行政主体在法律知识上的弱势地位”[4]。还有学者从相对人抗辩权所对

[1] 参见谭元满：“论行政相对人的程序权利”，湘潭大学2003年硕士学位论文。

[2] 参见孙笑侠：“论新一代行政法治”，载《外国法译评》1996年第2期；孙笑侠：《程序的法理》，商务印书馆2005年版，第248~249页。

[3] 张晓光：“行政相对人在行政程序中的参与权”，载《行政法学研究》2000年第3期。

[4] 李卫华：“行政参与主体研究”，山东大学2008年博士学位论文。

应的行政主体义务的角度来说明抗辩权的保障。譬如，柳砚涛等认为，“基于相对人或者相关人申辩权的行政主体的义务主要有：一是告知申辩权的义务；二是允许行使申辩权、为申辩权行使提供时间、地点和方便的义务；三是申辩理由依法成立的，必须予以采纳的义务；四是记录申辩，为可能出现的诉讼中取证奠定基础的义务”[1]。孙笑侠认为，相对人辩论权的保障必须以行政主体兼听意见的义务予以保障，即“在辩论的同时，行政主体应当认真听取并作出相应的分析处理意见，说明不采纳意见的理由”[2]。显然，上述诸学者的阐述还有待拓展与深入。

综上所述，学界关于行政程序抗辩权的理论或观点对促进行政法学的繁荣与发展具有深远的意义，但对于政程序抗辩权的概念、行政程序抗辩权的理论基础、行政程序抗辩权的价值以及行政程序抗辩权的保障与救济等问题的研究，还有待拓展、深入以及系统之探求。

（二）理论创新

基于国内外学界对行政程序抗辩权的研究现状与不足，本书在下述六个方面有所突破或创新：

1. 本书在现有研究成果的基础上对行政程序抗辩权的概念给予了重构，并对行政程序抗辩权的类型以及行政程序抗辩权与相关范畴的区分有着较为独到的看法。

2. 本书对行政程序抗辩权的理论基础进行了较为深入与系统的研究，作者认为，行政程序抗辩权的理论基础主要有行政沟通理论、正当行政程序理论以及人的主体性理论并对其给予

[1] 柳砚涛、刘宏渭：“行政相对人权利研究”，载《黑龙江省政法管理干部学院学报》2005 年第 4 期。

[2] 孙笑侠：“法律程序设计的若干法理——怎样给行政行为设计正当的程序”，载《政治与法律》1998 年第 4 期。

了深入阐述。

3. 本书对行政程序抗辩权的价值进行了深入与系统的研究，作者提出并深入论证了维护人权、促进法治行政以及促进和谐行政是行政程序抗辩权的诸价值表征。

4. 本书对行政程序抗辩权的保障进行了深入与系统的研究，作者指出行政程序抗辩权的保障分为内在保障制度与外在保障制度，并对两种保障制度的具体形式进行了深入分析。

5. 本书对行政程序抗辩权的救济给予了全面与系统的研究，作者从行政程序抗辩权救济的理论依据、救济方式及救济途径等方面予以了深入探讨。

6. 本书对行政程序抗辩权适用的具体领域进行了较为系统、深入的研究。在行政处罚听证程序领域，笔者对行政处罚听证程序中抗辩权的概念、适用条件以及运行作了较为完整、清晰以及透彻的探讨；在行政许可听证程序领域，笔者对行政许可听证程序中抗辩权的概念、适用条件以及运行作了较为完整、清晰以及透彻的探讨。

三、研究方法、构思与框架

（一）研究方法

本书采取的研究方法主要有价值分析方法、实证分析方法、比较分析方法、历史分析方法以及语义分析方法等。其中价值分析方法主要体现在对行政程序抗辩权之价值分析中；实证分析方法体现在对行政程序抗辩权概念的现状以及行政程序抗辩权保障与救济的现状等的分析中；比较分析方法主要体现在对行政程序抗辩权与其他类似概念之比较、域外行政程序抗辩权保障与我国政程序抗辩权保障之比较、行政处罚程序抗辩权与行政许可程序抗辩权之比较分析中；历史分析方法主要表现在对行政程序抗辩权概念的由来、行政程序抗辩权产生的理论基础等的分析中；语义分析方法主要表现在对行政程序抗辩权的界定、行政程序抗辩权诸理论基础的界定、行政程序抗辩权诸价值表征的界定以及行政处罚程序抗辩权与行政许可程序抗辩权的界定中。

（二）构思与框架

本书由导论、正文六章以及结语构成，导论部分着重论证了研究行政程序抗辩权的成因；其他部分主要阐明了行政程序抗辩权诸向度的内容。

导论部分旨在证成研究行政程序抗辩权的动因。作者认为，研究行政程序抗辩权的主要动因有三：其一，现代行政法治实践的呼唤。自20世纪以来，随着社会关系日益复杂和社会事务日益专业化、技术化，行政裁量权已发展成为行政权不可或缺的主体部分。而行政裁量权是一把双刃剑：一方面，裁量权能促使行政主体审时度势、灵活机动地处理问题，从而能提高行政效率，并实现个案正义；另一方面，裁量权也容易导致行政权力行使者的主观性和任意性，造成行政权的滥用和失控，因此，如何既能保障裁量权的充分行使，又能有效制约其滥用，这是一个重大的现实问题。传统行政法对行政权的制约主要采取的是实体控权机制，即“权力制约权力”模式。然而，此种模式对行政权的制约具有自身不可避免的局限性。为了更加有效的制约行政权，现代行政法除了采取“权力制约权力”模式外，还必须采取程序控权机制，即“权利制约权力”模式。通过行政程序来控制行政权力乃现代行政法治实践的必然要求，但行政程序的核心是听证，听证程序的核心又是抗辩，因此，彰显相对人的行政程序抗辩权对行政裁量权的制约也就成为现代行政法治实践的呼唤。其二，行政程序抗辩权理论的贫困。

目前学界对行政程序抗辩权的研究还处于萌芽之状，缺乏以“行政程序抗辩权”为专题研究的论文或专著，相关科研成果除了对行政程序抗辩权的概念有诸多探讨之外，对行政程序抗辩权的理论基础、价值表征以及保障与救济等都有失系统、深入之研究，而且对行政程序抗辩权的概念本身的界定也是众说纷纭，歧义丛生。其三，行政程序抗辩权制度的缺失。我国的《行政处罚法》、《行政许可法》等单行法律已有对行政程序抗辩权的规定，但还存在诸多缺失，如仅限于赋权性规定，对于行政相对人如何有效行使行政程序抗辩权缺少具体的操作规范；又如立法者虽然规定了行政主体应该尊重与保障行政相对人抗辩权的程序义务，但缺乏行政主体违反程序义务应负何责的规定。

第一章需解决的问题是行政程序抗辩权之本体论。主要探讨了行政程序抗辩权的起源、含义、性质、主要类型以及行政程序抗辩权与相关范畴的关系。行政程序抗辩权起源于现代行政裁量权的存在与扩张。行政程序抗辩权是指在行政程序中行政相对人针对行政主体在作出具体行政决定之前所提出的不利指控，依据其掌握的事实依据和法律依据对行政主体进行辩解、质证及反驳，旨在法律上消灭、减轻行政主体对其提出的不利指控或促使行政主体对其提出的不利指控具有合法性或正当性的权利。行政程序抗辩权是一种派生性、公法性及程序性的权利。关于行政程序抗辩权的主要类型，作者认为，其具体划分为正式行政程序抗辩权与非正式行政程序抗辩权、直接行政程序抗辩权与间接行政程序抗辩权以及授益行政程序抗辩权与侵益行政程序抗辩权。行政程序抗辩权与相关范畴的关系主要表现在政程序抗辩权与行政程序抵抗权之间的关系以及政程序抗辩权行政诉讼辩论权之间的关系。行政程序抗辩权与行政程序抵抗权的联系体现在两者都是一种防卫性或程序性权利，而且行政程序抵抗权是对行政程序抗辩权的一种救济；两者的区别体现在所针对的对象、发生的时间以及所行使的方式不同。行政程序抗辩权与行政诉讼辩论权的联系有两者的权利主体相同、功能或价值一致、抗辩的方式相同等；两者的区别包括所针对的对象、所发生的程序以及所行使目的不同。

第二章需解决的问题是行政程序抗辩权之理论基础。行政程序抗辩权的理论基础主要包括行政沟通理论、程序正义理论以及人的主体性理论。行政沟通主要表现为公共利益与个人利益之间的一种利益沟通，是现代行政或现代行政法的产物。行政程序抗辩权则是行政沟通的产物或必然要求：一是行政程序抗辩权是行政沟通的核心内容；二是行政程序抗辩权是实现行政沟通价值的必要条件。程序正义主要体现在程序的运作过程中，是评价程序本身正义性的价值标准。程序正义理论的核心内容或主要标准或适用于所有现代文明社会的最低限度程序正义要求只有两项：一是英国的自然公正原则；二是美国的正当法律程序原理。自然公正原则中的“听取对方意见”对行政程序的具体要求包含“公民有为自己辩护的权利”这一重要内容，因此，行政相对人在行政程序中的抗辩，就是行政程序的“自然正义”，行政程序抗辩权乃自然公正原则的题中之义。正当法律程序原则最初只适用于刑事审判领域，后来延伸至行政领域，成为规范行政权力的最基本原则，因而也就成了正当行政程序的理论基础。而行政程序抗辩权是止当行政程序中的重要权利，因此，正当法律程序原则无疑也是行政程序抗辩权的理论来源。人的主体性，是指每个人作为人类的一分子都具有一种别人必须尊重的权利。人的主体性体现在现代行政权力运行过程中，就是对相对人程序主体地位的肯定，就是对相对人程序主体人

格尊严的尊重。行政程序抗辩权作为相对人的一种重要的程序性权利，通过相对人与行政主体的有效抗辩，从而使相对人真正成为主体而不是客体或工具。因此，行政程序抗辩权不仅是人的主体性的重要体现，而且是实现人的主体性的必然要求。

第三章需解决的问题是行政程序抗辩权之价值论。本章主要揭示了行政程序抗辩权的人权价值、法治价值以及和谐价值。法律程序中存在着两个层面的人权，即实体性人权与程序性人权。行政程序抗辩权作为相对人的一种程序性权利，它的人权价值体现在两个层面：一是对外在性的实体权利之保障与生成；二是对内在性的尊严权利之维护。法治的核心功能是控制行政权，因而法治行政是法治的重心。当代法治包含形式法治与实质法治两种形态，相应地，法治行政也展现为形式意义的法治行政与实质意义的法治行政。现代行政程序促进法治行政的关键在于蕴含其中的诸多程序性权利的作用，尤其是行政程序抗辩权的作用，故而，行政程序抗辩权的价值必然有助于法治行政（形式意义的法治行政与实质意义的法治行政）的实现。和谐行政的关键在于：一是行政主体与行政相对人之间的法律地位应该保持相对平衡；二是公共利益与个人利益之间的冲突应该得以妥当地化解。行政程序抗辩权作为现代行政程序中的一种不可或缺的权利，不仅能有效平衡行政主体与行政相对人之间的地位，而且能有效消弭公共利益与个人利益之间的冲突，因而，行政程序抗辩权的存在与运行有利于促进和谐行政。

第四章需解决的问题是行政程序抗辩权之保障论。首先，本章揭示了英美法系行政程序抗辩权的保障制度与大陆法系行政程序抗辩权的保障制度之现状及启示。其次，本章分析了我国行政程序抗辩权保障制度的现状与问题。最后，基于域外行政程序抗辩权保障制度的有益启示以及我国行政程序抗辩权保障制度所存在的问题作者对未来的中国行政程序抗辩权保障制度进行了应然之构建。作者认为，行政程序抗辩权的保障制度，可以从内在的与外在的两个层面进行构建。行政程序抗辩权的内在保障制度包含行政程序抗辩权的主体、客体、类型、范围等；行政程序抗辩权的外在保障制度涉及行政告知制度、公正的行政主体听取抗辩制度以及行政说明理由制度等。

第五章需解决的问题是行政程序抗辩权之救济论。首先，通过对程序工具主义对行政程序抗辩权救济的否定与程序本位主义对行政程序抗辩权救济的肯定的阐述，文章论证了行政程序抗辩权之救济的理论依据。作者认为，行政程序抗辩权作为一种重要的程序性权利，具有工具性价值与自身性价值，也具有独立性的品格，因而，对于行政主体违法侵犯行政程序抗辩权的行为必须予以相应的制裁，从而使行政程序抗辩权获得有效救济。其次，文章揭示了行政程序抗辩权之救济的主要方式，诸如行政行为的无效、行政行为的撤销、行政行为的补正、行政行为的违法确认以及行政赔偿等。最后，文章指明了行政程序抗辩权之救济的重要途径：行政复议与行政诉讼。其中，行政程序抗辩权的复议救济是指行政相对人认为行政主体的具体行政行为侵犯其行政程序抗辩权，依法向行政复议机关提出复查该具体行政行为的申请，行政复议机关依照法定程序对被申请的具体行政行为进行合法性、适当性审查，并作出行政复议决定的活动；行政程序抗辩权的诉讼救济是指行政相对人认为有关行政机关及其工作人员的具体行政行为侵犯其行政程序抗辩权，依法向人民法院起诉，而由人民法院审理并作出裁判的活动。

第六章需解决的问题是行政程序抗辩权适用之具体领域论。本章主要探讨行政程序抗辩权适用的两个典型的具体领域：一

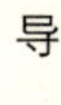

是行政处罚听证程序领域，对此，笔者尝试探索了行政处罚听证程序抗辩权的概念、适用条件以及运行过程。行政处罚听证程序抗辩权，是指在行政处罚听证程序中行政相对人针对行政主体在拟作出某种行政处罚决定之前所提出的不利指控，依据其掌握的事实依据和法律依据对行政主体进行辩解、质证及反驳，旨在法律上消灭或减轻行政主体对其提出的不利指控或促使行政主体对其提出的不利指控具有合法性或正当性的公法性权利，涵盖正式行政处罚听证程序抗辩权与非正式行政处罚听证程序抗辩权两种形态。关于行政处罚听证程序抗辩权的适用条件，笔者着重探讨了正式行政处罚听证程序抗辩权的适用条件。关于行政处罚听证程序抗辩权的运行过程，笔者从行政处罚听证程序抗辩权运行的事前阶段、行政处罚听证程序抗辩权运行的事中阶段以及行政处罚听证程序抗辩权运行的事后阶段三个层面进行了较为全面的分析。二是行政许可听证程序领域，对此，笔者尝试探索了行政许可听证程序抗辩权的概念、适用条件以及运行过程。行政许可听证程序抗辩权，指在行政许可听证程序中行政相对人针对行政主体在拟作出某种行政许可决定或拟不作出某种行政许可决定之前所提出的对公益或私益的不利指控，依据其掌握的事实依据和法律依据对行政主体进行辩解、质证及反驳，旨在法律上消灭或减轻行政主体对公益或私益提出的不利指控或促使行政主体对公益或私益提出的不利指控具有合法性或正当性的公法性权利，涵盖正式行政许可听证程序抗辩权与非正式许可处罚听证程序抗辩权两种形态。关于行政处罚听证程序抗辩权的适用条件，笔者着重探讨了正式行政许可听证程序抗辩权的适用条件。至于行政许可听证程序抗辩权的运行过程，笔者从行政许可听证程序抗辩权运行的事前阶段、行政许可听证程序抗辩权运行的事中阶段以及行政许可听证程序抗辩权运行的事后阶段三个层面进行了较为全面的分析。

结语部分需解决的问题是培育行政程序抗辩权意识与实现行政程序抗辩权。笔者主要探讨了培育行政程序抗辩权意识对实现行政程序抗辩权的重要性以及如何有效培育行政程序抗辩权意识等问题。培育行政程序抗辩权意识之于实现行政程序抗辩权的重要性在于有利于促进应然行政程序抗辩权的法定化与促进法定行政程序抗辩权的实然化。有效培育行政程序抗辩权意识的重要途径有三：一是在思想上，必须转变行政主体与行政相对人的陈旧或腐朽的观念；二是在制度上，国家应构建较为切实可行的行政程序抗辩制度，因为即使相对人萌发了主张行政程序抗辩权冲动，但却没有健全的制度作保障，这样只能导致相对人的行政程序抗辩权意识宛如昙花一现；三是在实践中，一方面，国家必须加强行政程序抗辩权的宣传与教育，让行政程序抗辩权家喻户晓、深入人心，从而不仅使广大人民群众认识到行政程序抗辩权是一种张扬人的主体性、维护人的尊严的权利，而且必将增强广大人民群众捍卫行政程序抗辩权的信心与勇气；另一方面，国家权力在实施法律的过程中必须认真对待行政程序抗辩权。就行政执法而言，行政主体必须尊重行政相对人的主体地位；就司法审查而言，法院应使正义得以伸张，当行政相对人的行政程序抗辩权遭到行政主体的违法侵犯时，法院应给予及时、有效的救济。

第一章　行政程序抗辩权之本体论

“究竟什么是行政程序抗辩权?”这是行政程序抗辩权研究中的基础性问题或前提性问题。首先，笔者阐述了行政程序抗辩权的起源、含义以及法律性质。其次，笔者揭示了行政程序抗辩权的主要类型，认为政程序抗辩权的主要类型表现在正式行政程序抗辩权与非正式行政程序抗辩权、直接行政程序抗辩权与间接行政程序抗辩权以及授益行政程序抗辩权与侵益行政程序抗辩权。最后，笔者阐明了政程序抗辩权与行政程序抵抗权以及行政诉讼辩论权等相关范畴之间的关系。

一、行政程序抗辩权的起源与含义

（一）行政程序抗辩权的起源

行政程序抗辩权来源于“听证”传统，是听证程序中的一种核心权利，其实质在于把诉讼程序中的抗辩机制移植到现代行政程序（行政听证程序是现代行政程序的核心）中来，以寻求行政的正当理由，[1]而现代行政程序的诞生根源于现代行政裁量权的存在与扩张，因此，行政程序抗辩权归根结底起源于现代行政裁量权的存在与扩张。传统行政权制度是建立在孟德斯鸠的“三权分立”理论基础之上的，这与早期自由资本主义时期行政权运行的现实相一致。早期自由资本主义时期为消极

〔1〕 参见孙笑侠:《程序的法理》，商务印书馆2005年版，第248～249页。

行政时期，由于社会经济发展程度相对较低，因而国家对社会、经济的管理也就相应较少，“守夜警察”是当时人们对政府形象的最贴切比喻，行政权的目的“旨在保障社会安全与秩序，旨在建立一个具有同等权利的公民能够安全地自由竞争的社会秩序。这个时期的行政，原则上除外交、国防外，被认为是为维护国民生活最低安全与秩序的维持秩序行政和以此为目的的财务行政，而且这些行政也被限定在必要的最小限度内”〔1〕。正如美国总统约翰·亚当斯执政时宣称的那样：“只需要一张桌子就可以处理完毕（公务）。”因为桌子上的文件格分别存放着每个部门的文件。〔2〕由于消极行政时期行政权的适用范围相当狭窄，法律对行政权的制约只需采取严格规则主义。所谓严格规则主义，是指通过行政实体法来规范行政职权，即法律对行政机关哪些可以做，哪些不能做作出尽可能明确的规定。当行政权的行使违反事前制定的实体法时，最终通过事后的司法程序予以救济即可，因此，现代行政程序，尤其是行政程序抗辩权在那时还缺乏生成的必要土壤。

20世纪以来，随着经济、社会的发展，市场作为“无形的手”已失去了昔日的光辉，“工业化和技术化日益发展，越来越多的人日益集中在大城市的狭小空间里，战时和战后的大规模征兵，家里和邻里约束和扶助的淡化；另一方面，日益增长的个人需要和要求——正如现代平等主义工业社会的发展及其问题——要求国家在社会中更加活跃。国家……要为公民提供作为经济、社会和文化等条件的各种给付和设施……最后，为保

〔1〕 赵肖筠、张建康：“行政权的定位与政府机构改革”，载《中国法学》1999年第2期。

〔2〕 转引自杨小君：“二十世纪西方国家行政权的扩张”，载《西北政法学院学报》1986年第2期。

证社会公平、保持或者促进经济结构的繁荣，国家还需对社会和经济进行全面的干预"[1]。据此，"现代行政国家正在形成，纠正社会和经济的弊病是政府的职责，这种看法反映了人民的情感"[2]。如此，行政权在内容上就发生了重大变化，行政权基本内容从羁束行政转变为裁量行政，自由裁量权构成了现代行政权的核心。

"自由裁量权是行政机关依据赋予其权力的法律、法规所确定的法律目的、精神、原则、范围和行政合理的法治原则，基于客观实际情况自行决定行政行为的权力"[3]。因此，仅借助于实体规制与司法审查对行政权力的制约已具有无法克服的局限性。首先，司法审查的事后救济性缺乏对行政行为的事前、事中的监督，即预防性的监督，而且法院本身的制约作用是有限的，"司法审查带有许多固有的职能限制。设定司法审查的意图仅仅在于维持最低的标准，而非确保最适宜的或最理想的行政决定。由此，在最低限度的公正和合理之上，行政机构仍可作出令人不甚满意的决定或诉诸糟糕的程序"[4]。其次，实体法对行政自由裁量权的制约也存在无法克服的局限性。由于行政权力的日益扩张，社会事务的增多加之行政管理专业性的增强，实体法不可能对行政管理的每一事项作出详尽的规定，相当大的行政自由裁量权不得不被授予行政机关，这就使在实体法外

---

〔1〕［德］哈特穆特·毛雷尔著，高家伟译：《行政法学总论》，法律出版社2000年版，第17页。

〔2〕［英］韦德著，徐炳等译：《行政法》，中国大百科全书出版社1997年版，第1页。

〔3〕章剑生："现代行政程序的成因和功能分析"，载《中国法学》2001年第1期。

〔4〕［美］欧内斯特·盖尔霍恩、罗纳德·M. 利文著，黄列译：《行政法和行政程序概要》，中国社会科学出版社1996年版，第45~46页。

寻找新的控权手段成为迫切的需要。这种新的控权手段就是现代行政程序，现代行政程序的核心是听证，听证的核心是抗辩，现代行政程序作为对行政权的一种事中制约机制弥补了实体控权的不足，而其能有效控制行政权的关键在于蕴含其中行政程序抗辩权，因为“通过相对人对行政权力的抗辩，能保持行政权力与相对人权利的平衡、增进行政效率与公民自由的关系的协调、促使形式合理性与实质合理性的结合”[1]。鉴于行政程序抗辩权制约行政裁量权力的有效性，世界大多数国家的法律开始了对行政程序抗辩权的规定，在西方，较早在法律上确立听证制度的是1946年美国制定的《联邦行政程序法》，该法规定了听证程序为行政程序的核心，由于抗辩是听证的核心，因此，此部法典必然包含对行政程序抗辩权的规定。我国对行政程序抗辩权的明确规定始于1996年全国人大通过的《行政处罚法》，其第32条规定：“当事人有权进行陈述和申辩。行政机关必须充分听取当事人的意见，对当事人提出的事实、理由和证据，应当进行复核；当事人提出的事实、理由或者证据成立的，行政机关应当采纳。行政机关不得因当事人申辩而加重处罚。”

（二）行政程序抗辩权的界定诸说

需要再次说明的是，本书的研究范围是对狭义的行政程序抗辩权，即行政执法程序抗辩权的研究，不涉足行政立法程序抗辩权与行政司法程序抗辩权之研究。关于行政程序抗辩权含义的诠释，国外学者鲜有对行政程序抗辩权的专门界定，只是在阐述正当程序或程序正义以及行政程序或听证程序中涉及此概念，但无展开说明。相比之下，国内学者对行政程序抗辩权含义的分析较多，且有些观点具有一定的科学性与合理性，但

〔1〕 孙笑侠：《程序的法理》，商务印书馆2005年版，第249页。

总的说来，国内学者对行政程序抗辩权的含义还无统一的看法，可谓观点纷呈、歧义丛生，较为混乱。

1. 有的学者把行政程序抗辩权与行政程序听证权相混淆。譬如，有学者认为，“听证权的实质是：在行政机关针对特定的个人作出不利于他的决定之前，个人有权要求行政机关听取其意见并有权为自己的利益辩护”〔1〕。其中“个人有权要求行政机关听取其意见”当然指行政程序听证权，但“有权为自己的利益辩护”应指行政程序抗辩权。还有学者认为，“听证权是行政相对人或相关人在有第三方主持的特定场合，针对行政主体拟作出的行政决定及其法律依据和事实根据与行政主体进行质证的权利，是以准司法化的方式和程序进行陈述和申辩的权利”〔2〕。显然，这是典型的正式听证程序中的抗辩权，而非听证权。程序抗辩权来源于“听证”传统，是听证制度或听证程序中的一种核心权利，其实质在于把诉讼程序中的抗辩机制移植到行政程序中来，以寻求行政的正当理由，即有权针对行政主体的不利指控进行辩护，而“听证”原来是诉讼程序上的“亦应听取对方当事人的意见”之规则，其思想根源于英国自然公正原则。〔3〕据此，在行政程序中，听证权仅指行政主体作出对行政相对人的不利决定之前，行政相对人有权要求行政主体听取其意见（包括抗辩意见）的权利。因此，行政程序抗辩权与行政程序听证权是相辅相成的两种权利，不可相互等同，它们都是行政听证程序中的重要权利，行政听证程序除了行政程序抗辩权与行政程序听证权外，还包含知情权、陈述权、要求说

〔1〕 王锡锌：“行政过程中相对人程序性权利研究”，载《中国法学》2001年第4期。

〔2〕 李卫华：“行政参与主体研究”，山东大学2008年博士学位论文。

〔3〕 参见孙笑侠：“论新一代行政法治”，载《外国法译评》1996年第2期。

明理由权以及要求回避权等权利。行政主体作出对行政相对人的不利决定之前主要历经四个步骤：理由告知——陈述、抗辩——听取意见——决定作出。听取意见程序，即听证程序，指“行政机关在作出有涉及他人合法权益的决定前，与其合法权益有关的公民、法人有权表达意见，提供证据和行政机关听取意见，接受证据的一种法律制度”〔1〕。因此，我们必须把听证程序或听证制度与听证权区分开来，听证权不等同于听证程序，听证权与抗辩权等都只是听证程序中的具体权利。

2. 有的学者在对行政程序抗辩权进行分析时，在形式上采用了“申辩权”、“事实论辩的程序权利”、“辩论权”等名称，但内容上大同小异。比如，李卫华博士认为，“申辩权是行政相对人和相关人针对行政主体提出的不利指控或拟作出的不利决定，依据法律和其掌握的事实向行政主体提出辩解和反驳，以消灭或者改变行政主体对其的不利指控或决定的权利”〔2〕。柳砚涛教授等认为，“申辩权是行政相对人或者相关人享有的、对行政主体的观点、认定、理由、决定等进行申诉、辩解的权利”〔3〕。关保英教授认为：“事实论辩的程序权利，是指行政相对人就有关涉及自身权益的事实在行政执法中与行政主体进行论辩的权利。”〔4〕还有学者认为：“辩论权指特定的行政相对人在其利益受到行政主体不利决定时，有权利为自己提出辩解并驳斥行政主体的理由依据等。”〔5〕

〔1〕 章剑生：“现代行政程序的成因和功能分析”，载《中国法学》2001年第1期。

〔2〕 李卫华：“行政参与主体研究”，山东大学2008年博士学位论文。

〔3〕 柳砚涛、刘宏渭：“行政相对人权利研究”，载《黑龙江省政法管理干部学院学报》2005年第4期。

〔4〕 关保英：“论行政相对人的程序权利”，载《社会科学》2009年第7期。

〔5〕 方世荣：《论行政相对人》，中国政法大学出版社2000年版，第101页。

3. 有的学者在形式上直接以“抗辩权”的名称对行政程序抗辩权给予了界定，并且内容上有一定的合理性，但仍然有不足之处。比如，赵振华认为，“抗辩权指行政相对人有权对行政主体出示的证据和告知信息进行辩解和质证”〔1〕。此概念提出了行政相对人抗辩的客体，即行政主体出示的证据和告知信息，有可取之处。但局限性较多：首先，行政相对人抗辩的客体不准确，因为行政主体拟作出决定的理由（事实理由与法律理由）才是抗辩的客体，但我们无法把行政主体出示的证据和告知信息等同于政主体拟作出决定的理由。其次，作者没有说明行政相对人行使抗辩权的前提或条件，也没有说明行政相对人行使抗辩权的目的，因此，此概念的界定还相当笼统与含糊。章志远认为：“抗辩权是指行政相对人针对行政主体所提出的不利指控，享有依据其掌握的事实和法律进行辩解和反驳的权利。”〔2〕首先，此学者虽然指出了行政相对人行使抗辩权的前提或条件，即行政主体所提出的不利指控或不利决定，但对于“不利指控或不利决定”是在行政主体作出行政决定之前抑或之后还语焉不详。其次，此学者也没有说明行政相对人行使抗辩权的目的。章剑生教授认为：“抗辩权是行政相对人针对行政主体提出的不利指控，依据其掌握的事实和法律向行政主体提出反驳，旨在法律上消灭或者减轻行政主体对其提出的不利指控的权利。”〔3〕此概念相对于前述抗辩权概念的界定

---

〔1〕 赵振华：“刍议行政相对人的程序对抗权”，载《法学论坛》2000年第3期。

〔2〕 章志远：“行政相对人程序性权利研究”，载《中共长春市委党校学报》2005第1期。

〔3〕 章剑生：“论行政相对人在行政程序中的参与权”，载胡建淼主编：《公法研究》，商务印书馆2004年版；姜明安主编：《行政法与行政诉讼法》，北京大学出版社、高等教育出版社2007年版，第377页。

有一定的超越性，因为作者不仅指出了抗辩权的客体、前提，而且说明了抗辩权的目的，即旨在法律上消灭或者减轻行政主体对其提出的不利指控。但仍然有待完善。譬如，作为抗辩权前提的“不利指控”究竟是行政主体作出行政决定之前抑或之后还未能明晰；抗辩权的内容除了“反驳”外，还应包括辩解与质证；行政相对人行使抗辩权的目的除了“旨在法律上消灭或者减轻行政主体对其提出的不利指控”之外，还有无其他目的，仍值得商榷。

（三）行政程序抗辩权含义的界定

上述学界对行政程序抗辩权含义的诸种看法，对科学界定“什么是行政程序抗辩权”有着重要的启发与借鉴作用，但仍不乏缺失之处，尤其是学界对行政程序抗辩权含义的内容没达成共识，因此，为了推动对行政程序抗辩权认识的发展，实有统一话题之必要，本文基于对行政程序抗辩权现有含义的扬弃认为，行政程序抗辩权指在行政程序中行政相对人针对行政主体在作出具体行政决定之前所提出的不利指控，依据其掌握的事实依据和法律依据对行政主体进行辩解、质证及反驳，旨在法律上消灭或减轻行政主体对其提出的不利指控或促使行政主体对其提出的不利指控具有合法性或正当性的权利。这一概念包含下述诸层含义：

1. 行政程序抗辩权的享有主体是行政相对人，此处的“行政相对人”应作广义的理解，包括直接行政相对人与间接行政相对人（利害相关人）。前者指行政主体行政行为的直接对象，同时其权益受到行政行为的直接影响，如行政许可的申请人，行政处罚的被处罚人等；相反，后者指行政主体行政行为的间接对象，同时其权益受到行政行为的间接影响，如行政许可关系中其权益可能受到许可行为影响的与申请人有利害关系的人，

治安处罚中受到被处罚人行为侵害的人等。[1]

2. 相对人行使行政程序抗辩权的时间必须是行政主体在作出具体行政决定之前，因为对于行政主体已经作出的具体行政决定，如果相对人认为违法或明显不当，可以行使救济权，如行政程序抵抗权或申请行政复议权或提起行政诉讼权。

3. 行政相对人在行政程序中所抗辩的客体是行政主体的不利指控，此处的“不利指控”指行政主体拟作出不利决定的理由。对于“行政主体拟作出不利决定的理由”究竟包括哪些内容，学界没有很好的说明，学者章剑生教授认为，行政主体正式作出不利行政相对人的行政行为时，必须随附作出该行政行为的理由；章教授对此种理由给予了较为深入且富有成效的研究，他认为，“行政行为说明理由就内容而言，可以分为合法性理由和正当性理由。前者用于说明行政行为合法性的依据，如事实材料、法律规范；后者用于说明行政机关正当行使自由裁量权的依据，如政策形势、公共利益、惯例、公理等”。[2]虽然章教授是对行政主体正式决定作出时所附理由的说明，但我们完全可以用来诠释“行政主体拟作出不利决定的理由”。换言之，“行政主体拟作出不利决定的理由”也应分为合法性理由（事实材料、法律规范）和正当性理由（政策形势、公共利益、惯例公理等），只不过这些理由必须产生在正式决定作出之前。

4. 行政程序抗辩权的内容包括辩解权、质证权以及反驳权，对此，后文将有详尽阐述。

5. 相对人行政程序抗辩权存在的目的，旨在法律上减轻或

---

〔1〕 参见姜明安主编：《行政法与行政诉讼法》，北京大学出版社、高等教育出版社 2007 年版，第 163 页。

〔2〕 章剑生：《行政行为说明理由判解》，武汉大学出版社 2000 年版，第 33 页。

消灭行政主体对其提出的不利指控或促使行政主体对其提出的不利指控具有合法性或正当性。即对于行政主体违法的不利指控，行政相对人可以要求行政主体予以主动撤销；对于行政主体合法的但不合理的不利指控，行政相对人可以要求行政主体予以减轻；对于行政主体的不利指控是否具有合法性或正当性，行政相对人要求行政主体说明拟作决定的理由或依据，从而促使行政主体对其提出的不利指控具有合法性或正当性。

二、行政程序抗辩权的性质

（一）行政程序抗辩权：一种派生性权利

行政程序抗辩权是行政法所规定的权利之一，而行政法所规定的权利与宪法所规定的公民的基本权利不同，“公民的宪法权利属于公民的基本权利，具有母体性，能派生出公民的一般权利。公民的行政法权利则是公民之一般的具体权利，由作为普通法的行政法所确认，并以宪法所规定的公民基本权利为立法依据，是公民的宪法权利在行政管理领域中的具体化。其产生的目的和价值也在于维护和实现宪法上的公民基本权利”[1]。因此，作为行政法的行政程序抗辩权应当派生于宪法上的公民基本权利，准确地说，行政程序抗辩权的宪法依据体现在：①我国《宪法》第35条规定：“中华人民共和国公民有言论、出版、集会、结社、游行、示威的自由。”其中的“言论自由”指公民通过语言的方式针对政治和社会生活中的问题表达其思想与见解的自由。[2]行政程序抗辩权指行政相对人对行政主体

〔1〕周佑勇：“公民行政法权利之宪政思考”，载《法制与社会发展》1998年第2期。

〔2〕参见周叶中主编：《宪法》，高等教育出版社、北京大学出版社2001年版，第263页。

拟作出的不利决定予以辩解、质证及反驳的权利，显然，它是公民“言论自由权”在行政领域的具体化。②《宪法》第2条第1、3款规定：“中华人民共和国的一切权力属于人民”，“人民依照法律规定，通过各种途径和形式，管理国家事务，管理经济和文化事业，管理社会事务”。这一规定运用到行政法领域应当包含行政相对人通过抗辩的途径国形式参与行政主体的执法管理。③《宪法》第27条第2款规定：“一切国家机关和国家工作人员必须依靠人民的支持，经常保持同人民的密切联系，倾听人民的意见和建议，接受人民的监督，努力为人民服务。”其中“倾听人民的意见和建议”在行政法领域也就是要求行政主体听取行政相对人的抗辩意见，因此，从反面论证了行政程序抗辩权的存在。④《宪法》第41条第1款规定：“中华人民共和国公民对于任何国家机关和国家工作人员，有提出批评和建议的权利；对于任何国家机关和国家工作人员的违法失职行为，有向有关国家机关提出申诉、控告或者检举的权利，但是不得捏造或者歪曲事实进行诬告陷害。”其中的批评权与建议权在行政法领域的集中体现或必然要求则是相对人的行政程序抗辩权，尤其是批评权对行政程序抗辩权有着直接的指导作用，因为宪法中批评权是指“公民对国家机关和国家工作人员在工作中的缺点和错误，有提出批评意见的权利”[1]。而行政相对人对行政主体拟作出的不利决定进行抗辩的原因是其认为此不利决定存在缺点和错误或违法或欠正当性。

（二）行政程序抗辩权：一种公法性权利

从学说史来看，最早提出公法性权利概念的是德国法学家C. F. V. 哥伯（Gerber），1852年他在所著的《公权论》中指出，

[1] 周叶中主编：《宪法》，高等教育出版社、北京大学出版社2001年版，第267页。

个人与全体相结合时对国家具有的权利就是公权利。此后，世界各国诸多学者对公法性权利或者公权利的含义甚至体系作过探讨，但由于对同一问题从不同的视角去审视，因而观点纷呈。在众多看法当中，较为典型或颇具代表性的观点应当属于日本学者与德国学者的观点。在日本，关于公法性权的观点主要有二：其一，从与权利对应的义务主体角度对公法性权利予以诠释，"所谓私权，只是存于私人相互间的权利，国家对之处于第三者的关系，反之，若为公权，国家或公共团体本身居于当事者或义务者的地位，因此，国家对人民权利的保护方法因公权或私权而有显著的差异"。其二，从利益角度对公法性权利予以诠释，认为私人公法性权利"不仅是为保护权利主体自身的个人性利益而赋予的，而且是为了实现公共利益，或者说主要是为了实现公共利益而确认的"〔1〕在德国，许多学者认为，私人公法性权利是"指个别的人民依'公法'所赋予的'法律上的力'，以追求个人的利益为目的，而可以要求国家（或类似的团体）作一定的行为（包括作为、不作为或忍受）的权能"〔2〕。

基于上述日本学者与德国学者对公法性权利的含义的分析，我们认为，公法性权利的具有下述显著特征：其一，从对应的义务主体角度看，公法性权利的义务主体只能是国家、公共团体等公权力主体；其二，从权利指向的利益角度看，公法性权利必须具备私益与公益的双重目的；其三，从保障权利的法律属性角度看，公法性权利的规范载体必须是公法，因为公法性权利只能是"公民由公法获得的权利"〔3〕。至此，要判明行政程序抗辩权是否属于一种公法性权利，只要看它是否符合公法性

〔1〕［日］田中二郎：《行政法总论》，有斐阁1979版，第221页。

〔2〕方世荣：《论行政相对人》，中国政法大学出版社2000年版，第61页。

〔3〕陈新民：《中国行政法学原理》，中国政法大学出版社2002年版，第58页。

权利的上述显著特征，我们认为，行政程序抗辩权完全符合公法性权利的上述显著特征，因此，它应当是一种重要的公法性权利。从对应的义务主体角度看，行政程序抗辩权的义务主体是行政主体，而行政主体是指享有国家权力，能以自己的名义从事行政管理或服务活动，而且能独立地承担由此所产生的法律责任的组织。[1]其基本类型展示为职权行政主体与授权行政主体，前者指行政职权随组织的成立而自然取得，无需经其他组织的授予，如各级各类行政机关它包含行政机关；后者指行政职权的获得来自于有权机关的授予，如法律法规规章授权的各种其他组织。据此，行政程序抗辩权的义务主体必然是公权力主体。从权利指向的利益角度看，行政程序抗辩权的主体针对行政主体拟作出的不利决定予以抗辩，一方面是为了保护自己的人事或财产利益免遭侵犯；另一方面还担负着制约行政权滥用的公共责任，如此，行政程序抗辩权具备维护私益与公益的双重目的。从保障权利的法律属性角度看，行政程序抗辩权的规范载体也是公法，如我国《行政处罚法》第32条规定："当事人有权进行陈述和申辩……"《行政许可法》第7条规定："公民、法人或者其他组织对行政机关实施行政许可，享有陈述权、申辩权……"

（三）行政程序抗辩权：一种程序性权利

要证成行政程序抗辩权是一种程序性权利，必先阐明"什么是程序性权利"，以及作为一种程序性权利应当具有哪些重要特征。关于程序性权利的界定，学界有诸多主张，如有的学者认为，程序权利是指"人作为程序主体在实现实体权利或为保障实体权利不受侵犯时所享有的权利"。[2]有的学者认为，行政

〔1〕参见王连昌主编：《行政法学》，中国政法大学出版社1994年版，第67页。
〔2〕徐亚文：《程序正义论》，山东人民出版社2004年版，第310页。

程序权利是指“行政相对人和相关人为维护其自身的合法权益而参与到行政执法过程，就涉及的事实和法律问题阐述自己主张，从而维护自己的主体地位，乃至影响行政主体在作出行政决定时考虑其主张和诉求的一种权利”〔1〕。还有学者主张，行政相对人的程序权利是指“行政相对人在行政过程中所享有的提出某种行政主张或者诉求某种实体权利的法律资格，而这个资格本身并不具有实质上的物理意义”〔2〕。综合上述对程序性权利含义的界定，我们可以认为，作为一种正式的行政程序性权利必须具备下述重要特征：

1. 行政相对人的程序权利具有非物质性或手段性。无疑，行政相对人实体权利的本质属性是具有物质性内容，但行政相对人程序权利的本质属性则是非物质性的，它是实现相对人实体权利的手段。

2. 行政相对人的程序权利具有价值独立性或自身目的性。“法律程序除了具有服务于一定实体结果的‘工具价值’之外，还具有其独立的价值，这些价值包括参与、个人尊严、理性、程序和平等等”〔3〕。

3. 行政相对人的程序权利具有行为诉求性，即对行政主体行为方式、行为过程、行为条件、行为规则等的一种主张，或通过程序权利行政相对人能够要求行政主体为这样的行为或那样的行为、不为这样的行为或那样的行为、以这种方式为这样的行为而不以他种方式为这样的行为等。〔4〕

〔1〕 李卫华：“行政参与主体研究”，山东大学2008年博士学位论文。

〔2〕 关保英：“论行政相对人的程序权利”，载《社会科学》2009年第7期。

〔3〕 王锡锌：“行政过程中相对人程序性权利研究”，载《中国法学》2001年第4期。

〔4〕 参见关保英：“论行政相对人的程序权利”，载《社会科学》2009年第7期。

至此，要证成行政程序抗辩权是一种程序性权利，必须证成行政程序抗辩权符合程序性权利所具有的重要特征。

我们认为，行政程序抗辩权完全符合程序性权利所具有的重要特征：①行政程序抗辩权具有非物质性或手段性，行政相对人对行政主体拟作出的不利决定予以抗辩本身不具有物质性，而是为了维护或实现相对人的实体权利。②行政程序抗辩权具有价值独立性或自身目的性，行政相对人行使抗辩权并非只是为了实现其实体权利，抗辩权本身还具有独立性价值，因为在抗辩的过程中，相对人深感自己的人格尊严受到尊重，人的主体性得以张扬。③行政程序抗辩权具有行为诉求性，即相对人通过抗辩要求行政主体消灭对自己不利的决定或要求行政主体减轻对自己不利的决定等。

三、行政程序抗辩权的主要类型

对于行政程序抗辩权，可以从不同角度划分为不同种类，以下简述几种主要类型。

（一）正式行政程序抗辩权与非正式行政程序抗辩权

以行政程序抗辩权所运行的程序是否正式、严格为标准，可划分为正式行政程序抗辩权与非正式行政程序抗辩权。正式行政程序抗辩权指行政相对人因行政主体拟作出的决定对其合法利益将产生严重影响而在正式行政听证程序中予以辩解、质证及反驳的权利。据此，行政相对人的正式行政程序抗辩权的行使必须具备两个条件：一是所运行的程序为正式行政听证程序。正式的行政听证程序类似于司法性程序，蕴含行政程序抗辩权在内的一系列权利，具体表现在：①要求由无偏见的行政官员主持听证的权利；②受到行政决定不利影响的当事人在行政决定之前得到通知的权利，通知书中一般应包括听证所要涉及的主要事实和法律问题，以及听证的时间和地点；③提出证据和进行辩护的权利；④通过互相质问及其他正当手段驳斥不利证据的权利；⑤委托律师参加辩护的权利；⑥要求行政决定根据听证案卷作出的权利；⑦阅览卷宗以及取得全部档案副本的权利。[1]二是所运行的范围是行政主体拟作出的决定对其合法利益将产生严重影响。我国《行政处罚法》第42条规定："行政机关作出责令停产停业、吊销许可证或者执照、较大数额罚款等行政处罚决定之前，应当告知当事人有要求举行听证的权利……"日本的《行政程序法》中，正式行政听证程序或正式行政程序抗辩权适用的对象是撤销许可认可，或者直接剥夺当事人的资格或地位等使当事人遭受特别重大的不利益处分，即当行政厅作出这些特定不利益处分时，当事人或参加人有权以口头方式表述意见，提交证据文件和向行政厅的职员提问。[2]

非正式行政程序抗辩权指行政相对人因行政主体拟作出的决定对其合法利益将产生的影响较小而在非正式行政听证程序中予以辩解、质证及反驳的权利。其中，非正式行政听证程序的特点指不要求举行听证会，仅要求行政机关在作出不利决定前采取一定方式听取相对人的陈述或申辩，即给予相对人一个说话和表示异议的机会，相对人的抗辩一般以书面形式进行。美国的非正式行政听证程序必须满足的最低限度的正当法律程序所要求的程序性保障包括：①事先得到通知权；②口头或书面提出意见的机会；③决定应该说明理由；④作出决定者应该无偏见。[3]譬如我国《行政处罚法》第31条规定："行政机关

〔1〕参见王名扬：《美国行政法》，中国法制出版社1995年版，第384页。

〔2〕参见朱芒："行政程序中正当化装置的基本构成——关于日本行政程序法中意见陈述程序的考察"，载《比较法研究》2007年第1期。

〔3〕参见王名扬：《美国行政法》，中国法制出版社1995年版，第539页。

在作出行政处罚决定之前，应当告知当事人作出行政处罚决定的事实、理由及依据，并告知当事人依法享有的权利。”第32条规定：“当事人有权进行陈述和申辩。行政机关必须充分听取当事人的意见，对当事人提出的事实、理由和证据，应当进行复核；当事人提出的事实、理由或者证据成立的，行政机关应当采纳。行政机关不得因当事人申辩而加重处罚。”这些规定都属于非正式行政听证程序的范围。“行政主体拟作出的决定对相对人合法利益将产生的影响较小”主要指一些较轻的处罚如警告、小额罚款等。如《行政处罚法》第33条规定的行政处罚简易程序：“违法事实确凿并有法定依据，对公民处以50元以下，对法人或者其他组织处以1000元以下罚款或者警告的行政处罚的，可以当场作出行政处罚决定……”第36条规定的行政处罚的普通程序“行政机关发现公民、法人或其他组织有依法应当给予行政处罚行为的，必须全面、客观、公正地调查、收集有关证据；必要时，依照法律法规的规定可以进行检查”。

（二）直接行政程序抗辩权与间接行政程序抗辩权

以行政相对人是否亲自在行政程序中行使抗辩权为标准，可分为直接行政程序抗辩权与间接行政程序抗辩权。前者指行政相对人在行政程序中亲自对行政主体所提出的不利指控以辩解、质证或反驳的权利。直接行政程序抗辩权更有利于激发行政相对人的抗辩热情、增强行政相对人的维权意识，因为行政相对人与行政机关之间存在直接的利益冲突，这就决定了行政相对人自身制约行政权将是最尽力、最彻底的，诚如学者张晓光所言，直接参与是最佳的参与方式，因为“一方面行政相对人参与行政活动过程中，可以全面洞悉行政行为的合法性和合理性的基本情况，并在心理上相应地准备了最大的承受值，对自己能承受的行政活动结果承担责任；另一方面，由于在参与过程中行政主体与行政相对人进行了一定的沟通，有可能在温和状态中达成某种默契或协议，减少抵触及其引发的事后救济"〔1〕。显然，行政相对人直接参与的过程必然蕴含直接行政程序抗辩权的成分，否则参与则是简单的到场，缺乏实效性。后者指行政相对人在行政程序中因自身的条件存在局限时，如身体素质较差、文化素质低，法律常识或法律专业知识严重缺乏等，直接行使行政程序抗辩权反而不利于维护其正当的权益而委托代理人尤其是律师对行政主体所提出的不利指控以辩解、质证或反驳的权利。

关于行政相对人间接行政程序抗辩权存在的必要性，我国学者在相关问题的阐述中有所虑及，如有学者认为："通过公民权利特别是表达权的代理行使机制，使律师等法律工作者进入到行政过程中帮助相对人和相关人对行政主体提出的法律判断进行议论，能够弥补当事人相对于行政主体在法律知识上的弱势地位。"〔2〕此处的"表达权"应当包含行政程序抗辩权的成分。关于行政相对人间接行政程序抗辩权存在的必要性的较为全面的论证，我们可以从学者李琦对公民有获得法律帮助权的必要性中得到很好的答案，他认为，现代国家的律师制度和法律援助制度规定公民有获得法律帮助权之目的在于为诉讼程序和行政程序中的公民提供法律帮助，并且认为公民享有获得法律帮助的权利取决于下述四方面的因素：①当事人在知识与技能上的有限性；②当事人在心理上的不利状态；③平衡个人与国家的力量对比；④借助于律师所提供的法律帮助，当事人可以从"讼累"中摆脱出来，从而最大限度地减少时间、精力的

〔1〕张晓光："行政相对人在行政程序中的参与权"，载《行政法学研究》2000年第3期。

〔2〕李卫华："行政参与主体研究"，山东大学2008年博士学位论文。

无效或低效的支出以及机会的丧失。[1]据此，各国行政程序法都规定了包含间接行政程序抗辩权的代理制度，例如，联邦德国1976年《行政程序法》第4条规定，“参与人可由全权代理人代理”；葡萄牙《行政程序法》第52条规定，“所有私人均有权亲自参与行政程序，或由律师或法律代办代理人或辅助参与”；日本1993年《行政程序法》第16条规定，听证当事人“得选任代理人，代理人得为个人或当事人有关听证之一切行为”。我国《行政处罚法》第42条规定，“当事人可以亲自参加听证，也可以委托1~2人代理”。

（三）授益行政程序抗辩权与侵益行政程序抗辩权

以行政主体实施行政行为的内容对行政相对人是否有利为标准，可分为授益行政程序抗辩权与侵益行政程序抗辩权。“授益行政行为是指行政主体为行政相对人设定权益或免除其义务行为。不利行政行为是指行政主体为行政相对人设定义务或剥夺、限制其权益的行政行为，又称负担性行政行为”[2]。据此，我们可以认为，授益行政程序抗辩权指行政相对人对行政主体为其拟设定的权益所提出的不利指控予以辩解、质证或反驳的权利。如《行政许可法》第6条规定：“公民、法人或者其他组织对行政机关所给予的行政处罚，享有陈述权、申辩权。”侵益行政程序抗辩权指行政相对人对行政主体为其拟设定的义务所提出的不利指控予以以辩解、质证或反驳的权利。《行政处罚法》第31条规定：“行政机关在作出行政处罚决定之前，应当告知当事人作出行政处罚决定的事实、理由及依据，并告知当

---

〔1〕 参见李琦：“论法律上的防卫权——人权角度的观察”，载《中国社会科学》2002年第1期。

〔2〕 姜明安主编：《行政法与行政诉讼法》，北京大学出版社、高等教育出版社2007年版，第181页。

事人依法享有的权利。”

四、行政程序抗辩权与相关范畴的关系

为了进一步理解与把握行政程序抗辩权的内涵或本质，有必要对与之容易混淆的相关概念予以分析，目前学界对与行政程序抗辩权颇为相关的行政程序抵抗权和行政诉讼辩论权的研究不容乐观，虽然行政程序抵抗权研究的成果较多，但仍然有些混乱，尤其是对行政程序抵抗权与行政程序抗辩权予以比较研究的成果太少且欠科学性与合理性。行政诉讼辩论权的研究成果较多，但把它与行政程序抗辩权予以比较研究的鲜有人问津。因此，在现代行政法治的时代，凸显对行政程序抗辩权与行政程序抵抗权、行政诉讼辩论权的比较研究尤为紧要。

（一）行政程序抗辩权与行政程序抵抗权

明晰行政程序抗辩权与行政程序抵抗权之间的关系，必须首先弄清“行政程序抵抗权是什么”这一问题。学界对“行政程序抵抗权”的界定还较为含混，总的来说，主要有两种主张：①认为行政程序抵抗权，指行政相对人对行政主体所作出的违法行为在实施过程中的不服从或不配合。譬如，“公民拒绝权，是指公民对行政主体非法作出的侵害其合法权益的行政行为，具有抵制的资格，即拥有直接抗拒该非法行政行为的权利”[1]。“行政相对人抵抗权是指，基于行政主体作出的侵害行政相对人合法权益的违法行政行为，行政相对人依法进行抵制和不服从的权利”[2]。“程序抵抗权，是法律规定的行政相对人对违法行政

〔1〕 戚建刚、关保英：“公民的拒绝权若干问题探析”，载《法商研究》2000年第4期。

〔2〕 周迎杰、杨勇：“论行政相对人抵抗权的行使”，载《湖南人文科技学院学报》2005年第6期。

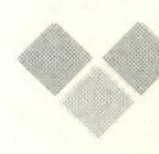

行为在程序上予以直接抵抗的权利，其作用是使违法行政行为不能发生效力”[1]。②认为行政程序抵抗权，指行政相对人对行政主体所作出的明显且重大的违法行为或无效的行政行为在实施过程中的不服从或不配合。比如，“拒绝权是指行政相对人在行政程序的进行过程中，享有拒绝服从明显违反法定程序而作出的行政决定的权利”[2]。有的学者认为，行政相对人抵抗权指行政法规定的，在行政过程中，行政相对人针对行政主体的无效行政行为所设定的义务不予服从、配合以及履行的权利。[3]还有的学者认为，从行政法层面看，行政程序抵抗权主要指个体对基于公权力所作出的无效行政决定所设定的义务进行抵制和不服从的权利。[4]显然，上述两种主张的根本区别在于行政程序抵抗权所指向的对象不同，第一种主张的范围较广，涵盖了所有的违法行政行为，包括无效行政行为，而第二种主张的范围仅限于无效行政行为。笔者赞成第二种主张，因为如果行政相对人对所有的违法行政行为都予以直接抵制，则法治秩序与行政效能原则将遭到破坏而出现无政府状态。

为了深化对行政程序抵抗权概念的认识，我们必须对“无效行政行为”有个准确的界定。无效行政行为“通常是指因具有重大而且明显违法情形而自始不产生法律效力的行政行为”。[5]从程度上看，无效行政行为的违法“严重而明显”，

---

〔1〕 方世荣：“对当代行政法主体双方地位平等的认知——从行政相对人的视角”，载《法商研究》2002 年第 6 期。

〔2〕 章志远：“行政相对人程序性权利研究”，载《中共长春市委党校学报》2005 第 1 期。

〔3〕 参见晏勇辉：“行政相对人抵抗权研究”，中共中央党校 2006 年硕士学位论文。

〔4〕 参见王锡锌：“行政行为无效理论与相对人抵抗权问题探讨”，载《法学》2002 年第 10 期。

〔5〕 金伟峰：《无效行政行为研究》，法律出版社 2005 年版，第 35 页。

"就像刻在额头上一样明显"。具体而言，确定无效行政行为的界标有：①行政行为具有特别重大的违法情形或具有明显的违法情形。②行政主体不明确或明显超越相应行政主体职权的行政行为。③行政主体受胁迫作出的行政行为。④行政行为的实施将导致犯罪。⑤没有可能实施的行政行为。只要具备这五种条件之一，行政行为就因存在"明显且重大的违法的情形"而导致无效。[1]因此，行政相对人只要认定行政主体所实施的行政行为符合上述无效的条件就可以予以直接抵制。例如，我国《行政处罚法》第49条规定："行政机关及其执法人员当场收缴罚款的，必须向当事人出具省、自治区、直辖市财政部门统一制发的罚款收据；不出具财政部门统一制发的罚款收据的，当事人有权拒绝缴纳罚款。"我国2012年施行的《中华人民共和国税收征收管理法实施细则》第99条也规定："税务机关对纳税人、扣缴义务人及其他当事人处以罚款或者没收违法所得时，应当开付罚没凭证；未开付罚没凭证的，纳税人、扣缴义务人以及其他当事人有权拒绝给付。"此处的"拒绝缴纳罚款"、"拒绝给付"就是我国立法对行政相对人程序抵抗权的初步认可。在判明行政相对人程序抵抗权的概念之后，我们再来探讨行政程序抗辩权与行政程序抵抗权之间的关系：

二者的联系：①行政程序抗辩权与行政程序抵抗权都是一种防卫权，即行政相对人防御国家行政权的侵犯的权利。国家行政权存在是否具有正当性，不能由其自身内容来决定，很大程度上取决于国家是否承认行政相对人对行政权具有抗辩权或抵抗权。因为，只有尊重与保障行政相对人拥有抗辩权或抵抗权，行政相对人在行政程序上才具有独立的人格和自主性。正

〔1〕参见罗豪才主编：《行政法学》，北京大学出版社2001年版，第92页。

如有的学者所说："只有个人在政治国家中的自主性得到承认和保障时，政治（统治）才具备正当性；反之，政治正当性是缺位的。个人在政治国家中的自主性，也即个人对于公共权力的自主性。当个人对于公共权力能居于主动的、积极的态势，能参与和影响公共权力的运行并能作为公共权力运行的价值目标时，这就是实现了个人对于公共权力的自主性。换言之，公共权力在承认并保障个体生命和自由、人格独立和尊严的前提下的运行，构成了政治正当性。"[1]这种政治正当性反过来会进一步稳固行政相对人的防卫权。②行政程序抗辩权与行政程序抵抗权都是一种程序性权利，即行政相对人在行政行为的过程中为了有效制约行政权从而最终保障其实体权利的权利。③行政程序抵抗权是对行政程序抗辩权的一种救济。行政程序抗辩权是行政相对人对行政主体拟作出的决定所提出的不利指控的一种抗辩，许多国家已有立法规定，如我国《行政处罚法》第32条规定："当事人有权进行陈述和申辩。行政机关必须充分听取当事人的意见，对当事人提出的事实、理由和证据，应当进行复核；当事人提出的事实、理由或者证据成立的，行政机关应当采纳。行政机关不得因当事人申辩而加重处罚。"第41条规定："行政机关及其执法人员在作出行政处罚决定之前，不依照本法第31条、第32条的规定向当事人告知给予行政处罚的事实、理由和依据，或者拒绝听取当事人的陈述、申辩，行政处罚决定不能成立；当事人放弃陈述或者申辩权利的除外。"《治安管理处罚法》第94条第1、2款规定："公安机关作出治安管理处罚决定前，应当告知违反治安管理行为人作出治安管理处罚的事实、理由及依据，并告知违反治安管理行为人依法享有

〔1〕 李琦："论法律上的防卫权"，载《中国社会科学》2002年第1期。

的权利。违反治安管理行为人有权陈述和申辩。公安机关必须充分听取违反治安管理行为人的意见，对违反治安管理行为人提出的事实、理由和证据，应当进行复核；违反治安管理行为人提出的事实、理由或者证据成立的，公安机关应当采纳。”此外，可视为对行政相对人的程序抗辩权的间接保障的，是《中华人民共和国行政诉讼法》（2014 年修正）第 70 条关于违反法定程序的行政行为应判决撤销的规定。据此，我们可以认为行政主体所作出的行政决定，如果在行政行为过程中侵犯或拒绝行政相对人程序抗辩权的应视为违反法定程序的无效行政行为，这样，行政相对人对其程序抗辩权的救济可采取两种方式：一是行使行政程序抵抗权对所实施的行政决定予以不服从或不配合从而直接及时地救济其程序抗辩权；二是通过行政复议或行政诉讼间接救济其程序抗辩权。因此，行政程序抵抗权从某种意义来说，是对行政程序抗辩权的救济。

二者的区别：①二者所针对的对象不同，行政程序抗辩权所针对的对象指行政主体拟作出的不利决定，而行政程序抵抗权所针对的对象指行政主体已作出的无效行政行为。②二者所发生的时间不同，行政程序抗辩权发生在行政主体所作出的行政决定之前，而行政程序抵抗权发生在行政主体所作出的行政决定之后到行政决定被实施完毕之前。③二者所行使的方式不同，行政程序抗辩权的行使通常采取主动积极作为的方式，如口头辩论或书面辩论，而行政程序抵抗权通常以消极不作为的形式出现，如不服从、不配合或保持沉默、用言词拒绝等。[1]④二者目的不同，行政程序抗辩权的目的旨在法律上消灭或减轻行政主体对其提出的不利指控或促使行政主体对其提出的不

---

〔1〕参见戚建刚、关保英：“公民的拒绝权若干问题探析”，载《法商研究》2000 年第 4 期。

利指控具有合法性或正当性。简言之，行政程序抗辩权的目的是促使行政主体作出一个合法的或正当的决定。而行政程序抵抗权的目的是为了使行政主体已作出的无效行政行为归于无效或消灭。在大陆法系国家和地区的行政法学理上，行政相对人的程序抵抗权是行政行为无效的法律后果之一，无效制度“实际上是在法律上赋予人们直接根据自己对法律的认识和判断，公开无视和抵抗国家行政管理的权利”〔1〕。德国著名行政法学者毛雷尔认为无效行政行为是指行政行为自始就完全不具有效力，即没有法律效果和约束力，因而相对人不必服从，行政机关也不得执行，任何人在任何时候都可以主张其无效。〔2〕

（二）行政程序抗辩权与行政诉讼辩论权

关于行政诉讼辩论权的界定，学界还鲜有论及，笔者以为，行政诉讼辩论权指行政相对人在行政诉讼过程中以原告的身份对作为被告的行政主体所作出的违法或不当决定的理由进行辩解、质证及反驳，从而请求法院撤销或变更违法及不当决定的权利。据此，我们认为，行政程序抗辩权与行政诉讼辩论权之间既有有机的联系，又有显著的区别。

二者的联系：①两者的权利主体相同，无论行政程序抗辩权还是行政诉讼辩论权都是行政相对人所享有的一种权利。②两者的功能或价值一致，都是为了有效制约或防范行政权对行政相对人实体权利的非法侵犯。③两者抗辩的方式相同，都可以采取口头辩论或书面辩论。④行政诉讼辩论权从某种意义上来说，是对行政程序抗辩权的一种救济。《中华人民共和国行政诉讼法》（2014 年修正）第 70 条规定了违反法定程序的行政

〔1〕 于安编著：《德国行政法》，清华大学出版社 1999 年版，第 127 页。

〔2〕 参见［德］哈特穆特·毛雷尔著，高家伟译：《行政法学总论》，法律出版社 2000 年版，第 253 页。

行为应判决撤销。显然，行政程序抗辩权是法定的程序权利，如果行政主体在作出不利的决定之前未告知或拒绝行政相对人的抗辩权，则行政相对人在行政诉讼中进行辩论时，可以以此为抗辩理由请求法院撤销行政主体的违法决定，从而使行政相对人的行政程序抗辩权得以救济。

二者的区别：①二者所针对的对象不同，行政程序抗辩权所针对的对象指行政主体拟作出的不利决定的理由，而行政诉讼辩论权所针对的对象指行政主体已作出的违法或不当行政决定的理由。②二者所发生的程序不同，行政程序抗辩权发生在行政主体作出行政决定之前的行政程序中，而行政诉讼辩论权发生在法院所作出行政判决或行政裁定之前的行政诉讼程序中，包括一审、二审甚至再审程序。③二者目的不同，行政程序抗辩权的目的是促使行政主体作出或形成一个合法的或正当的行政决定。而行政诉讼辩论权的目的是借助法院使行政主体已作出的违法或不当行政行为遭到撤销或发生变更。

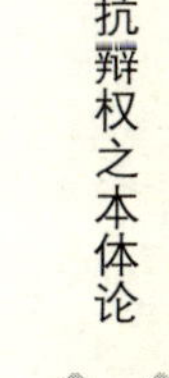

第二章 行政程序抗辩权之理论基础

前面所述乃笔者对“行政程序抗辩权是什么”这一问题的初步探讨，那么行政程序抗辩权所产生的理论根据何在，这是必须予以正视和回应的问题，学界已有极少数学者虑及此问题，但还相当不完整，且无深入之研究。笔者认为，行政程序抗辩权所产生的理论基础，主要存在于三个方面，即行政沟通理论、正当程序理论以及人的主体性理论。

一、行政沟通理论

沟通，即“使两方能通连”。[1]沟通是指“存在的主体对他人永久地开放，主体与主体之间的交流、对话和讨论”[2]。理想的沟通情境是指“人在相互沟通过程里，真诚地和正确地使用语言。遇到意见分歧的时候，讨论者并不倚靠权威或其他扭曲的手段去令对方接受自己的见解，而是双方信守着有效声称的规则，用论证支持自己的论点，通过反复讨论达成共识（consensus）”[3]。因此，在本质上，沟通是一个多方主体之间进行信息交流的过程，旨在实现相互间的信任，增进相互间的合作，解决相互间的冲突，从而妥协，达成协调一致的行动。“行政沟

〔1〕《现代汉语词典（修订版）》，商务印书馆1996年版，第443页。

〔2〕叶必丰：“现代行政行为的理念”，载《法律科学》1999年第6期。

〔3〕阮新邦等：《批判诠释论与社会研究》，上海人民出版社1998年版，第36页。

通是关于行政事件意见之交换、商洽及协调等作用的概称，其与行政协调之意义相较，学者谓：‘沟通是协调之方法，协调是沟通之结果’者。惟实则沟通即是协调，协调即是沟通，二者之意义与作用无殊，均为意见之交换，意识之交流，而为达到行政目的之一种程序与方法”[1]。在现代行政的背景下，公共利益与个人利益既冲突又一致，而沟通是实现公共利益与个人利益关系一致性，完成服务与合作，建立相互信任的途径和形式。[2]故而，“在行政法上，行政沟通主要表现为公共利益与个人利益之间的一种利益沟通，也就是说，代表公共利益的行政机关与代表个人利益的相对人或利害关系人之间进行信息互通、彼此了解、协调行动、避免冲突，进而最终达到信任和合作的过程和方式。行政裁量的过程涉及各种错综复杂的利益冲突，唯有通过各种利益沟通的方式，充分协调各种利益关系，才能实现各种利益之间的‘均衡’，以保证行政决定实体内容的‘合理’，体现个案的实质主义”[3]。行政沟通是现代行政或现代行政法的产物。管理型行政法或传统型行政法，在价值层面上强调公共利益本位、行政权力优越和行政法对于获得理想的行政秩序的工具功能，表现在行政权力的运作上即是对行政权的单方意志性的强调。[4]现代型行政法或服务型行政法则大异其趣，“一方面，现代行政法既要维护一定的行政秩序，制约行政权非理性膨胀、制约行政相对方滥用权利，以维护相对方的合法权

[1] 管欧：《现代行政学》，台湾永大书局1978年版，第403页。

[2] 参见叶必丰：《行政法的人文精神》，湖北人民出版社1999年版，第237页。

[3] 周佑勇：“论行政裁量的利益沟通方式”，载《法律科学》2008年第3期。

[4] 参见石红心：“从‘基于强制’到‘基于同意’——论当代行政对公民意志的表达”，载《行政法学研究》2002年第1期。

益与行政主体依法行政，在行政法治的基础上，实现更多的公民自由；另一方面，现代行政法又提倡信任、沟通、合作的行政法人文精神，激励行政主体与相对方在行政公开的基础上，尽可能多地搜集、占有、使用、交流合理配置行政资源的信息，通过相互间的沟通、交流与商谈——论证”〔1〕。现代行政法在本质上是对人民真实需求以及满足此等需求之方法的记载和表达。相应地，在行政法的实施过程，作为公共利益代表者的行政主体与作为个人利益代表者的行政相对人之间，就有必要进行充分协商，包括正式和非正式协商，以实现双方利益的协调和最大化，因此，“在行政执法中引入协商与和解从而实现行政执法方式的变革，既是顺应现代行政民主化发展趋势的必然要求，也是行政主体能否灵活应变日益复杂的现实社会、满足不同主体多元化需求的关键”〔2〕。行政沟通是现代行政或现代行政法的产物，而行政程序抗辩权则是行政沟通的产物或必然要求。

（一）行政程序抗辩权：行政沟通的核心内容

根据上述对行政沟通之含义的界说，行政沟通的具体内容颇为丰富，学界从不同的角度阐释或展示了行政沟通的具体内容，而无论从何种视角去分析，行政程序抗辩权应是行政沟通的核心内容。

1. 行政沟通的内容指行政主体与行政相对人之间的交涉性。在学者石红心看来，“交涉性是指行政机关在行使行政权力时应与相对人沟通与交流，包括意见交换与信息沟通、告知与反馈、陈述与听取，不再只是单方的调查与搜集。交涉介于强制与合

---

〔1〕 罗豪才、宋功德：“现代行政法学与制约、激励机制”，载《中国法学》2000 年第 3 期。

〔2〕 施建辉：“行政执法中的协商与和解”，载《行政法学研究》2006 第 3 期。

意之间，不等于协商，不同于民事行为中的双方合意。交涉性是在单方意志性与协商性之间的一种状态”[1]。“陈述与听取”作为交涉性的核心内容，应该蕴含行政程序抗辩权这一内容，因为陈述包含抗辩性陈述，听取意见包含抗辩性意见。

2. 哈贝马斯的商谈理论是行政沟通理论内容的一个重要表征。在哈贝马斯看来，真理，尤其是在非经验学科中的规范、法律的正确性，只有通过合作才能发现，或取决于大家有根据的同意，即只有通过具有独特形式特点的商谈获得。并且哈贝马斯认为，这种独特形式特点就是理想的谈话环境，其具体内容体现在：所有参与商谈的人有相同的表达机会；人人享有言论自由；没有人拥有特权；言论真实可靠；谈话不受强制等。[2]其中，“所有参与商谈的人有相同的表达机会、人人享有言论自由等”应包含行政相对人表达抗辩的机会、言论抗辩自由等内容。

3. 行政沟通的内容表现在行政主体与行政相对人之间在双方意思表示上达成一致，即合意。“在具有合意性的行政决定中，行政主体和行政相对人双方的意志都获得了表达，而且在双方各自意志的基础上还形成了一种新的共同意志——合意。这种合意有可能是双方相互妥协的结果，也有可能是双方共同追求的利益目标，还有可能是各自利益都有所体现的反映”。但行政主体与行政相对人在行政法律关系中所形成的合意，必须是双方真实意志的表达，是一种双向的交流与沟通，否则就构

[1] 石红心：“从‘基于强制’到‘基于同意’——论当代行政对公民意志的表达”，载《行政法学研究》2002年第1期。

[2] 参见郑永流主编：《法哲学与法社会学论丛》，中国政法大学出版社1998年版，第36页。

成了合意的异化。[1]显然，相对人的行政程序抗辩权是合意的重要内容之一，行政主体在作出对行政相对人的不利决定之前，首先把拟作出不利决定的理由告知给相对人，然后相对人针对拟作出决定的理由予以抗辩，最后行政主体必须对合法、有效的抗辩予以吸纳，从而使行政合意得以形成。行政程序抗辩权是行政相对人针对行政主体对其作出不利决定之前的一种辩解、质证或反驳的权利，对防范行政权的滥用，促使行政权合法、正当运行不可或缺。"如果行政权力的膨胀是现代社会不可避免的宿命，那么为了取得社会的平衡，一方面必须让政治充分反映民众的意愿，另一方面在法的体系中应该最大限度地尊重个人的主体性，使他们能够与过分膨胀的行政权力相抗衡"[2]。

4. 行政沟通的内容还表现在行政程序中的对话，即行政主体与行政相对人在行政程序中的交流或讨论过程。行政程序中行政主体与行政相对人的对话，可以采取多种形式进行，但无论何种形式的行政程序对话应包括三要素：陈述、辩论以及期待。其中，陈述指表述事实、呈列己方意见、看法的过程。通过陈述，程序主体可以发现和把握对话的关键问题，因此，为了有效地对话，程序主体双方必须诚实地向对方说明自己的主张的合理根据。辩论是对话的中心环节，因为程序主体的观点及对实体和程序的基本反应可以得到进一步伸展。辩论过程也是争辩、论证和反驳的过程。期待指程序主体双方对交流结果的某种期待（包括程序利益）。当然，有些期待是程序参与主体在介入程序之时就怀有的；而有些期待则是在陈述和辩论过程

---

〔1〕 张泽想："论行政法的自由意志理念——法律下的行政自由裁量、参与及合意"，载《中国法学》2003 年第 2 期。

〔2〕［日］棚濑孝雄著，王亚新译：《纠纷的解决与审判制度》，中国政法大学出版社 1994 年版，第 329 页。

中不断形成或改变的。[1]从行政程序对话的三要素（陈述、辩论以及期待）来看，辩论处于一个核心的要素，显然，此处的辩论，即行政程序抗辩。

（二）行政程序抗辩权：实现行政沟通价值的必然要求

“在任何社会环境下，解决价值冲突的办法都只有寥寥几种。一种办法是通过地理上的隔绝，另外一种更主动的办法就是退出。弥合个别的或文化上的差异的第三种办法是通过对话，在这种情况下，价值冲突原则上能够表现出一种积极的征象，也就是说，能够成为增进交流和自我理解的手段。最后，价值冲突也可以通过使用武力或暴力来加以解决。在我们今日生活于其间的全球化社会里，这四个选择有两个已经急剧地减少了”[2]。存在主义哲学家雅斯培认为，“理智只有在讨论中才能得到明了”，“人与人之间的沟通是达到各种形式的真理之途径”[3]。行政行为实施过程中的沟通就是这样一种协商机制。行政沟通程序的价值，可以从不同向度予以阐明，但行政程序抗辩权是实现行政沟通程序诸价值的必然要求。

1. 行政沟通程序：解决公正与效率矛盾的机制。为了促进社会的发展与进步，现代行政需要大力扩张自身的疆域并高效运行，但同时，“行政也必须使一般公民认为在行政活动中合理地考虑了它所追求的公共利益和它所干预的私人利益之间的平衡”[4]。因此，如何使公正与效率处于一种和谐的状态乃行政权正当性运行所要解决的重要矛盾。“公正这一概念应该是对话式

[1] 参见闫丽彬：“行政程序价值论”，吉林大学2005年博士学位论文。

[2] 转引自［美］华勒斯坦等著，刘锋译：《开放社会科学》，生活·读书·新知三联书店1997年版，第75页。

[3] ［美］W. 考夫曼编著，陈鼓应、孟祥森、刘崎译：《存在主义》，商务印书馆1987年版，第150页。

[4] 王名扬：《英国行政法》，中国政法大学出版社1987年版，第139页。

的，而不是独白式的"[1]，在现代行政权基本上是自由裁量的情况下，行政权不仅应合法运行而且应合理运行。"行政行为的合法性只解决了以力服人的问题，不能解决以理服人的问题，后者的问题能否解决取决于行政行为的合理性。一个合理的行政行为才能让社会心服口服地接受，从而使行政行为的实效最大化。而合理的行政行为作出前提是应当有一个事先的说理过程，让公民有秩序地发'怒'。"[2]行政沟通程序能够为这一说理过程提供必要条件，它"通过以一种公众认为公平的方式作出决定，当政者可以获得对这些决定的更大认可，就使得决定涉及的各方更容易服从"[3]。即使行政决定的结果不利于相对人或不能满足其要求，也是双方妥协、协商的产物，相对人的不满情绪被淡化或消除，"因为各方一旦能够参与到程序过程中来，就更易于接受裁判结果；尽管他们有可能不赞成判断的内容，但他们却更有可能服从它们"[4]。并且降低事后寻求救济的概率，客观上有利于行政效率的提高。

行政程序抗辩权在行政沟通程序中的出现，意味着行政主体那种命令——服从的权力运用方式所具有的单方恣意性将被淡化，取而代之的是一种双方的说理过程。行政程序抗辩权可以让行政相对人越过自己的代表直接介入行政权的行使过程。在这个过程中，行政相对人可以充分地对行政主体拟作出不利

---

〔1〕［南非］毛里西奥·帕瑟林·登特里维斯主编，王英津等译：《作为公共协商的民主：新的视角》，中央编译出版社2006年版，第83页。

〔2〕章剑生："现代行政程序的成因和功能分析"，载《中国法学》2001年第1期。

〔3〕［日］谷口安平著，王亚新、刘荣军译：《程序的正义与诉讼》，中国政法大学出版社1996年版，第376页。

〔4〕Michael D. Bayles, *Principles of law*, Reidel publishing company, 1978, p. 32.

决定的理由予以辩驳、对质、博弈，从而为行政主体行使职权提供一个反思的机会，行政主体如果发现有不合法或欠缺正当性的情况，即可以自动纠正，这样能提高行政决定的可接受性程度，使行政相对人自愿履行行政主体所作出的决定，使效率行政与公正行政得以达成。

2. 行政沟通程序：一种秩序的机制。“在人类社会活动中，秩序主要表现为一种稳定、有规律和连续的社会关系。而在现代社会，行政主体在行使行政裁量权的过程中与行政相对人之间发生的公共利益与个人利益之间的关系无疑已经成为一对最重要的社会关系。要使这对社会关系形成良好的秩序，就需要建立一整套能够对这对社会关系加以全面有效调整的法律机制，以保证行政裁量权能够合法、正常、有序的运行。”〔1〕行政沟通程序就是这样一种秩序的机制。行政沟通程序不仅仅是行为规范机制，更是一个主体互动、协调合意的过程。在沟通过程中，行政主体与行政相对人皆最有可能和机会作出真实的“意思表示”，在经历反复沟通后，程序参加者相互间的抵触情绪在一定程度上消解，行政相对人可能主动放弃“主张权利”，而行政主体也有可能放弃一些可以处理的“义务要求”，主动免除行政相对人的程序义务，并在此过程中与相对人形成了信任与合作的关系，从而达到某种妥协，使矛盾得以化解，使社会关系恢复到有序状态。〔2〕传统行政所维护的秩序是表面的，经不起历史的考验，因为它过分倚重权力与强制，行政法主要以行政主体作出单方命令并以暴力相威胁或直接使用暴力强迫行政相对人服从行政命令的方式而得以实施。现代行政由于沟通程序的引

〔1〕 周佑勇：《行政裁量治理研究——一种功能主义的立场》，法律出版社2008年版，第162页。

〔2〕 参见闫丽彬：“行政程序价值论”，吉林大学2005年博士学位论文。

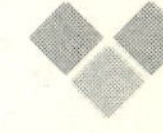

人，彰显了法治的本质即基于人们的同意而进行统治，从而使真正的法律秩序得以形成。基于行政沟通而作出行政决定的实践，在各国已经比较普遍，例如，在美国，“为了避免纵向命令型管制和正式的行政法律程序的局限，人们发展出解决创新性的管制问题的各种形式的弹性机构——利益相关人网络”〔1〕。通过多种方式与公众沟通、管制协商、合作安排、讨价还价等，这样，“在参与者之间为了解决管制问题而在协商的基础上建立了准契约性的关系”。〔2〕行政程序抗辩权作为行政沟通程序的核心内容，在行政主体作出对其不利决定之前与行政主体进行有效的抗辩，不仅体现了以人为本的现代行政理念，而且能够降低行政决定的执行成本，预防和减少行政争讼，使理想的行政秩序成为现实。

3. 行政沟通程序：一种平等的机制。众所周知，现代行政主要是行政裁量权的广泛行使，而行政裁量潜在的危害在于它的恣意与专断，会导致行政专制，破坏平等。这就需要借助于行政沟通这一种平等机制的整合，以实现行政裁量过程的平等化。德国著名行政法学者哈特穆特·毛雷尔认为，公民不是单纯的仆从，而应当被作为独立的法律主体和行政的伙伴对待，并与行政机关一道担负起行政的责任，这是现代法治—民主行政的观念的必然要求，〔3〕当然也是现代平等观念的必然要求。而“只有沟通程序才能超越主体—客体的两分图式，才能跨越

〔1〕［美］L. B. 斯图尔特著，苏苗罕译：“二十世纪的行政法”，载《环球法律评论》2004年第2期。

〔2〕白维贤、金立法、薛刚凌：“中美行政执行制度比较”，载《行政法学研究》2001年第1期。

〔3〕参见［德］哈特穆特·毛雷尔著，高家伟译：《行政法学总论》，法律出版社2000年版，第362页。

传统哲学先验与经验的两难思维”。[1]在行政沟通过程中，“反复沟通和交流，可以将行政意志融化为相对人意志，也可以将相对人意志吸收到行政意志中，从而使行政法关系真正具有双方性，使相对人真正成为行政法关系的主体”[2]。申言之，无论沟通的最终结果如何，只要行政主体主动地与行政相对人进行沟通，就能够充分地显示出行政主体对行政相对人的主体地位、自由意志、正当利益的承认和尊重。显然，行政程序抗辩权作为行政沟通的核心内容，通过对行政主体拟作出的不利决定予以辩解、质证或反驳，更有利于促成行政主体与行政相对人平等法律关系的形成。

二、程序正义理论

一般来说，程序是指“事情进行的先后次序”[3]或“按时间先后或依次安排的工作步骤”[4]。在法律学上，程序指法律主体按照一定的方式和步骤形成实体法律决定的过程，因而是与“实体”相对应的一个专门的法律概念。其普遍要求是有三：一是按照某种标准和条件整理争论点；二是公平地听取各方意见；三是在使当事人可以了解或认可的情况下作出决定。[5]正义指：“公正的、有利于人民的道理”或“正当的或正确的意义”。[6]在法律上，按照当代“正义理论集大成者”罗尔斯的观点，正

[1] [德]考夫曼著，米健译：《后现代法哲学——告别演讲》，法律出版社2000年版，第30页。

[2] 叶必丰：《行政法的人文精神》，湖北人民出版社1999年版，第212页。

[3] 《现代汉语词典（修订版）》，商务印书馆1996年版，第163页。

[4] 《辞海》，上海辞书出版社1980年版，第175页。

[5] 参见季卫东：《法治秩序的建构》，中国政法大学出版社1999年版，第12页。

[6] 《现代汉语词典（修订版）》，商务印书馆2005年版，第477页。

义指形式正义、实质正义及程序正义三种形态。其中，形式正义又叫“作为规则的正义”或法治，它要求严格依法办事或法治，严格执行正义的法律；实质正义即法律本身的正义，又称为实体正义，它要求法律本身的实体内容（实体权利义务）的确定必须合乎正义；程序正义即介于实质正义和形式正义之间的一种正义，它要求制定和执行法律的过程必须体现正义。实质正义（实体正义）和形式正义主要是一种“结果价值”，是评价行为结果的价值标准；程序正义本质上是一种“过程价值”，是评价程序本身正义与否的价值标准。〔1〕

我国行政法学者周佑勇教授认为，程序本位主义事实上就是一种程序正义或程序公正理论，因为，在程序本位主义看来，“程序并不只是实现某种实体目的的手段或者工具，结果有效性亦并非法律程序的唯一价值，评价法律程序的价值标准应当立足于程序本身是否具有某些独立于结果的‘内在品质’，即过程价值有效性。换言之，法律程序的根本价值在于程序本身的正义，而不是结果的有效性”〔2〕。又如学者陈瑞华指出：“一项法律程序本身是否具有程序正义所要求的品质，要看它是否使那些受结果影响的人受到了应得的待遇，而不是看它能否产生好的结果。”〔3〕因此，程序正义主要体现在程序的运作过程中，是评价程序本身正义性的价值标准。

程序正义或程序公正的历史源远流长，古代程序正义根植于古罗马时代的“自然正义”论，其理论基础是传统的自然法理论，早在古罗马时代和中世纪时期，自然正义作为一项程序

〔1〕 参见肖建国：“程序公正的理念及其实现”，载《法学研究》1999年第3期；转引自周佑勇：“行政法基本原则的反思与重构”，载《中国法学》2003年第4期。

〔2〕 周佑勇：“行政法的正当程序原则”，载《中国社会科学》2004年第4期。

〔3〕 陈瑞华：《刑事审判原理论》，北京大学出版社1997年版，第54页。

公正标准，已成为自然法、万民法和神判法的主要内容；近现代程序正义观念产生和完善于英国法中的“自然正义”和为美国法所继承的“正当程序”思想。[1]国内外不同的学者从不同的视角阐释程序正义理论，从而观点纷呈，但程序正义理论的核心内容或主要标准或适用于所有现代文明社会的最低限度程序正义要求只有两项：一是英国的自然公正原则；二是美国的正当法律程序原理。因此，我们要证成程序正义理论是行政程序抗辩权的理论基础，也就是要证成自然公正原则与正当法律程序原理是行政程序抗辩权的理论基础。

（一）行政程序抗辩权：自然公正原则的题中之义

自然公正原则滥觞于自然法理论，也称自然正义原则，由正义之理念发展而来。亚里士多德将正义区分为自然的正义和惯常的正义，前者是指永恒的、遍及人间的正义，而后者的约束力则需要某种权威来推行。从宽泛的意义上讲“自然正义只意味着自然的是非观，甚至在严格意义上讲也与正义等同”[2]。在英国普通法上，自然公正包括两个最基本的程序规则：一是任何人或团体在行使权利可能使别人受到不利影响时必须听取对方意见，每一个人都有为自己辩护和防卫的权利；二是任何人或团体不能作为自己案件的法官。[3]在英国法中，自然公正原则起初为司法程序中适用的规则。如1215年英国的《自由大宪章》第39条规定，“凡自由民，如未经其同级贵族之依法裁判，或经国法判决，皆不得被逮捕、监禁、没收财产、剥夺法

〔1〕参见周佑勇：“行政法的正当程序原则”，载《中国社会科学》2004年第4期。

〔2〕［英］韦德著，徐炳等译：《行政法》，中国大百科全书出版社1997年版，第94页。

〔3〕参见王名扬：《英国行政法》，中国政法大学出版社1987年版，第152页。

律保护权、流放或加以任何其他损害”。这一规定虽没出现“自然正义”的字眼，但被现代学界公认为是自然正义原则成为英国普通法制度的最早渊源，“自然正义植根于英国普通法，乃由大宪章所衍生之原则”[1]。1355年，爱德华三世公布的《伦敦自由律》第3条规定，“任何人，无分身份或地位，非经正当法律程序，不得予以流放、处死、没收其财产，或剥夺其继承权”[2]。但是，经过长期的司法审查经验的积淀，普通法院通过阐发自然正义原则的内涵逐渐扩展其适用领域，除了适用于法院和行政裁判所的司法权，还应当适用于行政权，要求行政主体在行使权力时也要遵循最低限度的程序公正，这种观念最早通过1863年古帕诉万兹乌斯区工程管理局案所建立的判例予以确立。法院认为：工程管理局尽管有权拆除违法建筑物，但违背了公平听证原则，即在行使其职权之前应听取古帕的意见，因而其行为无效，判决原告胜诉，被告承担赔偿责任。[3]1963年，贵族院在处理“理奇诉鲍德温”一案中认为，政府在作出解雇检察局长的决定之前，由于没有听取被解雇人的个人意见，故而，这种解雇决定是非法的。[4]显然，该案再次明确了自然正义原则对行政权力的规范效力，进一步确立了“一切影响个人权利或合法预期的决定”都要遵循自然正义原则。1966年帕克尔（parker）法官在英国高等法院的判决中提出公平行政观念，即不论行政机关的行为属于什么性质，一个良好的行政需

〔1〕 城仲模主编：《行政法之一般法律原则》，台湾三民书局1994年版，第36页。

〔2〕 荆知仁主编：《美国宪法与宪政》，台湾三民书局1984年版，第77页。

〔3〕 参见胡建淼主编：《外国行政法规与案例评述》，中国法制出版社1997年版，第449页。

〔4〕 参见周佑勇：“行政法的正当程序原则”，载《中国社会科学》2004年第4期。

要没有偏私，并且行为公平。行政机关一切对公民可能产生不利影响的权力都要受到自然公正原则的支配。[1]至此，自然公正原则作为行政程序法的理论基础在英国行政程序法中表现得十分突出，成为审查行政程序合法或公正与否的不可或缺的原则，并成为行政相对人程序性权利正当性的理由。

行政程序抗辩权作为行政程序法的重要内容，理所当然乃自然公正原则的必然要求。自然公正原则中的“听取对方意见”对行政程序的具体要求包含三个方面的内容：①公民在合理时间以前得到通知的权利。②公民有了解行政机关的论点和依据的权利。③公民有为自己辩护的权利。[2]其中，“公民有为自己辩护的权利”其实就是行政相对人行使行政程序抗辩权的体现。因此，行政相对人在行政程序中的抗辩，就是行政程序的“自然正义”。在行政主体作出对行政相对人的不利决定之前，行政相对人有权针对行政主体不利决定的理由提出抗辩，这是自然正义在行政程序中的直接体现。

（二）行政程序抗辩权：正当法律程序的基本要求

美国的正当法律程序原理与英国法上的自然公正原则一样，为不同时代广泛流行的自然法思想的不同表征。正当法律程序起源于1215年英国《大宪章》第39条规定，即“除依国法之外，任何自由民不受监禁人身、侵占财产、剥夺公民权、流放及其他任何形式的惩罚，也不受公众攻击与驱逐”[3]。1791年通过的《美国联邦宪法》第5条修正案规定，“非经大陪审团提起

[1] 参见王名扬：《英国行政法》，中国政法大学出版社1987年版，第156页。

[2] 参见王名扬：《英国行政法》，中国政法大学出版社1987年版，第153页。

[3] 转引自季卫东：“法治秩序的建构”，中国政法大学出版社1999年版，第12页。

诉讼，人民不应受判处死刑或者会因重罪而被判剥夺公民权之审判……人民不得为同一罪行而两次被置于危及生命、自由或财产……” 1868 年通过的《美国联邦宪法》第 14 条修正案又将这条规定适用于各州政府机关，“任何州，如未经正当法律程序，均不得剥夺任何人的生命、自由或财产；也不得对任何在其管辖下的人，拒绝给予平等的法律保护”。无疑，这两条修正案奠定了正当法律程序的宪法地位。

正当法律程序原理有两个方面的含义：其一，正当法律程序是一个程序法的规则，要求政府和法院的“正式行动必须符合对个人的最低公正标准，如得到充分通知的权利和作出裁决之前的有意义的听证机会”〔1〕。其二，正当法律程序是一个实体法的概念，又称为实质性的正当法律程序，旨在要求国会所制定的法律必须符合公平与正义，展言之，如果法律剥夺个人的生命、自由或财产，不符合公平与正义的标准，法院有权宣告其因违宪而无效。〔2〕

《美国联邦宪法》规定的正当法律程序原则最初只适用于刑事审判领域，后来延伸至行政领域，成为规范行政权力的最基本原则，因而也就成了正当行政行为或正当行政程序的理论基础。正当法律程序原则对正当行政行为或正当行政程序的基本要求是：“行政行为必须符合对个人最低的公正标准，如获得充分通知的权利和裁决之前听证的权利等。”〔3〕听证直接来源于宪法的程序要求，后来随着行政权力的不断扩张，成为制约行政

〔1〕［美］欧内斯特·盖尔霍恩、罗纳德·M. 利文著，黄列译：《行政法和行政程序概要》，中国社会科学出版社 1996 年版，第 119 页。

〔2〕参见［美］杰罗姆·巴伦、托马斯·迪恩斯著，刘瑞祥等译：《美国宪法概论》，中国社会科学出版社 1995 年版，第 102 页。

〔3〕何家弘主编：《当代美国法律》，社会科学文献出版社 2001 年版，第 140 页。

权力的重要制度。如1946年美国的《联邦行政程序法》规定了行政机关行使行政权力剥夺私人的生命、自由或财产时，必须听取当事人的意见，当事人具有要求听证的权利。听证是正当法律程序的核心，任何一种听证形式都包含正当法律程序的核心内容，即当事人有得到通知并提出辩护的权利，是否具备这两种权利是区别公正程序和不公正程序的分水岭。[1]

正当法律程序原则是正当行政程序的理论基础，而行政程序抗辩权则是正当行政程序中的重要权利，因此，正当法律程序原则无疑也是行政程序抗辩权的理论来源，如听证是正当法律程序的核心，而抗辩又是听证的核心。“确认行政相对人的抗辩权的法理基础是，当行政主体运用行政权限制、剥夺行政相对人的自由权、财产权等法律权利时，应当给予行政相对人抗辩的权利。这是行政程序正当性的因素之一。如果没有给予抗辩的权利就限制、剥夺了行政相对人自由权、财产权等法律权利，那么，这样的决定是无效的”[2]。

总之，程序正义理论蕴含自然正义原则与正当法律程序原理两项主要标准，而无论是英国普通法上的自然正义原则还是美国宪法上的正当法律程序原理都要求行政机关进行某些活动之前必须告知可能受不利影响的个人有关情况，并提供听证的机会，以及由一个没有偏私的、独立的裁判者来主持程序和作出决定，其目的是为了保障程序的公平。[3]具体而言，正当行政程序主要内容有：其一，说明理由，即要求行政机关在作出行政行为时，如

[1] 参见王名扬：《美国行政法》（上册），中国法制出版社1995年版，第410页。

[2] 姜明安主编：《行政法与行政诉讼法》，北京大学出版社、高等教育出版社2007年版，第377页。

[3] 参见王锡锌：“正当法律程序与‘最低限度的公正’——基于行政程序角度之考察”，载《法学评论》2002年第2期。

果是针对具体的个人或者特定事项时，应当告知其行政决定的理由，以便听取他为自己辩护的意见。其二，听取意见，即要求行政机关在作出有涉他人合法权益的决定前，与其合法权益有关的公民、法人有权表达意见、提供证据，行政机关应听取意见、接受证据的一种法律制度。其三，告知，即要求行政机关在作出行政决定之前，应当将有关事项告知行政相对人。其四，回避，即行政机关及其公务员如与所处理的案件有法律上的利害关系，必须依法回避。[1]据此，正当行政程序的理论来源是程序正义理论，而首先，行政程序抗辩权是正当行政程序的直接内容，如前述正当行政程序主要内容中的第二项“听取意见”就包含了行政程序抗辩权；再如有学者指出：“听证权、辩论权、回避权、知情权等如果没有在行政程序中受承认和保障，那么这种行政程序就不会是正当的程序。”[2]其次，行政程序抗辩权是程序正义理论中的“听取对方意见”内容的重要体现，因此程序正义理论必然是行政程序抗辩权的理论基础。

三、人的主体性理论

（一）人的主体性界说

人的主体性应从德国古典哲学说起，德国古典哲学家们继承英法哲学中的反对神本主义的人本主义精神，经由坚持高扬“人”的地位去贬抑“神”的地位，直至最终用“人”否定了“神”，从而完成了近代资产阶级对封建神学的批判。[3]康德是

---

〔1〕 参见章剑生：“现代行政程序的成因和功能分析”，载《中国法学》2001年第1期。

〔2〕 孙笑侠：“法律程序设计的若干法理——怎样给行政行为设计正当的程序”，载《政治与法律》1998年第4期。

〔3〕 参见冒从虎、张庆荣、王勒田编著：《欧洲哲学通史》（下卷），南开大学出版社1985年版，第121~122页。

人的主体性理论的创立者与实践者，康德的法律哲学指出，一个国家的公民状态是“先验地”奠基于下述三项原则之上：其一，作为人，社会中的每一个分子都是自由的。其二，作为臣民，社会中的每一个分子都是平等的。其三，作为公民，一个普通政体中的每一个分子都是独立的。〔1〕显然，康德的法律哲学表明了人是目的而不是手段以及人是具有尊严的思想。新康德主义者施塔姆勒认为，社会的每一成员都应当被视作是一种目的的本身而不应被当作他人主观专断的对象，而且任何人都不得仅仅把他人当作实现自己目的的手段。〔2〕这一观点充分体现在他所提出的正当法律的四项基本原则上：一是一个人的意志内容绝不应该受制于任何他人的专断权力；二是任何法律要求的提出，应该使承担义务的人保持人格尊严；三是法律共同体的成员不能专横地被排除出去；四是法律所授予的控制权力的正当性，必须以受控制的人能够保持其尊严为前提。〔3〕

总之，人的主体性，是指每个人作为人类的一分子都具有一种别人必须尊重的权利。展言之，它不仅指人格平等、人的本性自由、人作为人对自身价值以及利害关系的理性判断，而且对这种判断，任何主体，包括权力机关都有予以尊重的义务。〔4〕“一切人都应被作为目的而不仅仅是手段来对待。人的存在，本身就是目的，都有其内在的价值。国家与政府是为人民而设立的，而不是为国家而存在。国家和政府不得以任何借

〔1〕 参见全增嘏主编：《西方哲学史》，上海人民出版社1987年版，第97页。

〔2〕 参见［美］E. 博登海默著，邓正来译：《法理学——法律哲学与法律方法》，中国政法大学出版社2004年版，第81页。

〔3〕 参见［美］E. 博登海默著，邓正来译：《法理学——法律哲学与法律方法》，中国政法大学出版社1999年版，第173～174页。

〔4〕 参见戚建刚、关保英：“公民的拒绝权若干问题探析”，载《法商研究》2000年第4期。

口或理由把人民贬为其统治的客体和手段"[1]。因此，普通公民在接受权力裁决过程中，"……裁判者将当事者视作平等的协作者、对话者和被说服者，而不是被处理者、被镇压者和无足轻重的惩罚对象；裁判者对当事者的实体权益表现出尊重的态度，这进而使当事者作为人的尊严得到了尊重和满足"[2]。

（二）行政程序抗辩权：人的主体性之必然要求

对人的主体性的关注、对人性的高扬为现代社会步入法治社会起到重要的思想启蒙作用，人的主体性理论体现在现代行政权力运行过程中就是对相对人程序主体地位的肯定，就是对相对人程序主体人格尊严的尊重。行政程序抗辩权作为相对人的一种重要的程序性权利，通过相对人与行政主体的有效抗辩，从而使相对人真正成为主体而不是客体、工具。毋庸置疑，行政程序抗辩权不仅是人的主体性的重要体现，而且是实现人的主体性的必然要求。人的主体性在国家行政领域历经了一个从异化走向回归的过程。

1. 传统国家行政因行政程序抗辩权等因素的缺失而导致人的主体性之异化。传统国家行政在行政法制度、行政法理论以及行政法实践等方面都因行政程序抗辩权等因素的缺失而导致人的主体性之异化。在行政法制度上的缺失主要表现为"对行政主体重管理的权力、对行相对人重服从管理的义务；忽视保障行政相对人权利；轻视体现民主行政的行政程序制度；缺乏监督行政活动的法律制度如行政复议、司法审查和行政赔偿制度等"。因制度上的缺失，在行政法理论上，人们通常从行政主体、行政权力、行政行为的角度来解读行政法并构造行政法体

[1] 皮纯协主编：《行政程序法比较研究》，中国人民公安大学出版社2000年版，第29页。

[2] 陈瑞华：《看得见的正义》，中国法制出版社2000年版，第19页。

系，形成了西方古典“控权论”行政法以及我国（包括苏联和东欧国家）早期的“管理论”行政法这两类基本行政法模式及相应的行政法学分析框架。尤其是我国的管理论更是忽视了相对人的主体性地位，因为它不仅认为行政主体与行政相对人的关系就是行政管理与被管理的关系，而且认为行政法律关系的内容完全单一化为行政主体行使管理权力与行政相对人履行服从义务的内容。[1]

在行政法实践上，传统国家行政，即压制型行政，“以实现抽象的公共利益为唯一宗旨，以贯彻行政主体的单方意志为基本目标，以管理行政相对方为基本内容，以强制性行政行为为主要手段，其结果是剥夺了行政相对方的主体性”。具体而言，压制型行政在实践中具有以下基本特征：其一，强制是实现行政目标的主要手段。行政意图的推行，手段上基本、甚至完全采用传统的强制性行政行为，方式上几乎是清一色的命令、禁止、制裁、强迫，有别于行政强制的行政行为无足轻重。其二，行政主体的意志意识形态化，处于绝对支配地位，不但被奉若神明，且被赋予绝对的支配力，不容相对方置疑和反驳，更不得拒绝和抵抗。其三，行政没有固定的边界，行政权极度地蔓延和扩张。其四，法律工具主义盛行。[2]

显然，传统国家行政无论在制度上、理论上还是在实践上因诸多因素的不合理，尤其是只字未提“行政程序抗辩权”而无视行政相对方的主体性，使行政相对方客体化。传统国家行政试图通过对行政相对方的单向支配实现行政目标，剥夺了其

〔1〕 方世荣：“对当代行政法主体双方地位平等的认知——从行政相对人的视角”，载《法商研究》2002 年第 6 期。

〔2〕 参见崔卓兰、蔡立东：“从压制型行政模式到回应型行政模式”，载《法学研究》2002 年第 4 期。

运用自己的知识去实现自己目的的可能性，如在行政程序中通过抗辩维护自己应有的权利或利益，故而，传统国家行政所产生的是痛苦的感觉和厌恶的情绪，所造成的是粗暴地使人们的思想脱离我们希望他们深刻认识的真理。〔1〕

2. 现代国家行政因行政程序抗辩权等因素的生成而促使人的主体性之回归。现代国家行政，也即回应型行政，“行政主体与相对方的关系呈现出权利本位的特质，相对方的权利得到了充分的张扬，并成为行政权的来源和运作目的”。其基本特征表现在：其一，协商、妥协和讨论等非强制手段在行政行为中获得了充分的运用；秩序是通过协商确定的，而非通过服从赢得的。其二，行政主体的意志不再具有绝对的正统性，相对方的意志和利益受到了法律的同等尊重和认真对待。其三，行政保持理性，行政权自觉维持合理的边界。其四，合法性成为对行政的最基本要求。〔2〕显然，现代国家行政表明：“人民不仅是权力归属主体，而且逐渐扮演起权力行使主体的角色。当政府的主导性角色不再是控制和管制，而是转向服务和为服务创设条件时，社会中的组织和个人不再是单纯的管理对象，而是跃升为具有主体资格和独立行为能力的服务对象，成为政府管理的积极参与者，成为政府行政环绕运行的中心。”〔3〕

现代国家行政对行政相对人的主体性尊重与保障突出体现在现代程序法的生成与发展，行政相对人在行政过程中借助一系列程序性权利，特别是行政程序抗辩权能有效地促使行政权

---

〔1〕 参见［英］威廉·葛德文著，何慕李译：《政治正义论》，商务印书馆1980年版，第531页。

〔2〕 崔卓兰、蔡立东：“从压制型行政模式到回应型行政模式”，载《法学研究》2002年第4期。

〔3〕 赵肖筠、张建康：“行政权的定位与政府机构改革”，载《中国法学》1999年第2期。

的合法、正当运行，从而维护了行政相对方的尊严感和主体性，使行政相对方与行政主体的真正平等成为现实。行政程序抗辩权是行政相对人在行政程序中对行政主体拟作出的不利决定的理由予以辩解、质证及反驳的权利，旨在要求行政主体采纳并对其原有意志进行修正，从而使行政主体意志体现相对人意志或使相对人意志吸收为行政主体意志。这样，行政程序抗辩权“使行政主体与相对人的意志得以沟通和交流，可以将行政意志融化为相对人意志，也可以将相对人意志吸收到行政意志中，从而使行政法关系具有某种双方性，使相对人真正成为行政法关系的主体，使人权真正得到尊重”〔1〕。

四、小结

行政沟通理论、程序正义理论以及人的主体性理论皆为行政程序抗辩权的理论基础。行政沟通主要表现为公共利益与个人利益之间的一种利益沟通，是现代行政或现代行政法的产物；程序正义主要体现在程序的运作过程中，是评价程序本身正义性的价值标准，英国的自然公正原则与美国的正当法律程序原理是适用于所有现代文明社会的最低限度程序正义要求；人的主体性体现在现代行政权力运行过程中，就是对相对人程序主体地位的肯定以及相对人程序主体人格尊严的尊重。因此，这三种理论的关系表现为：首先，就行政沟通理论与程序正义理论而言，行政沟通是程序正义的前提或基础，没有沟通，程序正义就无法真正得以有效实现，因为无论自然公正原则抑或正当法律程序原理的实现都蕴含“沟通”这一因素；程序正义是行政沟通正当性的必要条件，行政主体与行政相对人之间的沟

〔1〕 叶必丰：“现代行政行为的理念”，载《法律科学》1999年第6期。

通只有遵循程序正义的标准，才是有效的或正当的。其次，就行政沟通理论、程序正义理论与人的主体性理论而言，行政沟通理论与程序正义理论是人的主体性理论的前提或条件，只有符合程序正义标准的沟通才能促进人的主体性的实现；人的主体性是行政沟通与程序正义的终极目标，行政沟通或程序正义应当旨在实现人的主体性，才具有正当性。

行政沟通理论、程序正义理论以及人的主体性理论作为行政程序抗辩权的理论基础，共同证成了行政程序抗辩权的正当性：①行政程序抗辩权不仅是行政沟通的核心内容，而且是实现行政沟通价值的必要条件；②行政程序抗辩权乃体现最低限度程序正义要求的自然公正原则与正当法律程序原理的题中之义；③行政程序抗辩权是人的主体性的重要体现以及实现人的主体性的必然要求。

第三章　行政程序抗辩权之价值论

价值（value）是现代西方哲学和法学理论中使用频率很高的一个词汇，我们可以从两个向度去理解它，即它既可以指某种有价值的事物（财富、知识、美德等），又可以指人们评价某实物的价值标准或价值观，如自由、正义、公平、安全等等。从哲学的视角来看，价值与善（good）是两个含义一致的概念。"在任何场合，当人们说'某物具有某种价值时'，也就意味着该物具有某种'好'的属性：在主体与客体的关系中，主体的需要能够被客体满足，客体对主体具有积极的意义"〔1〕。据此，从法理学的角度观察，行政程序抗辩权作为一种法律程序权利，其价值应指满足法律主体的某些需要或对法律主体所具有的某些积极意义。对行政程序抗辩权的本体与理论基础进行探讨固然重要，但挖掘行政程序抗辩权深层的价值内涵和精神意蕴，进行更高层次的价值分析则更为重要，因为行政程序抗辩权的保障与救济必须以行政程序抗辩权具有一定的价值为前提。目前，学界对行政程序抗辩权的价值分析还相当缺乏，仅有极少数学者有所虑及，孙笑侠教授认为"就程序抗辩之控制权力而言，其特征与意义是：通过相对人对行政权力的抗辩，以保持行政权力与行政相对人权利的平衡，增进行政效率与公民自由的关系的协调，促使形式合理性与实质合理性的结合"。这是孙

〔1〕 张文显主编：《法理学》，高等教育出版社2003年版，第361页。

教授对行政程序抗辩权价值的较为全面的分析，但通观其整个内容，仍有一定的不足，还有待进一步调整、充实乃至深入。笔者认为，行政程序抗辩权的主要价值有三，即人权价值、法治价值以及和谐价值，对此，本章试作些探讨。

一、行政程序抗辩权的人权价值

人权是人区别于动物的观念上的、道德上的、政治上的、法律上的标准，因此，它只是人的价值的社会承认，包含着“是人的权利”、“是人作为人的权利”、“是使人成其为人的权利”和“是使人成为有尊严的人的权利”等多个层次。[1]但权利是一个极为复杂且种类繁多的概念，学界已从不同的角度进行了划分，有的学者从权利的重要性或所处的地位角度将权利划分为基本权利与派生权利。如美国学者彼彻姆认为，权利之所以是基本的，是因为别的权利是有它们派生的，而它们自身则不再由更基本的权利所派生，或者某些特定的权利是基本的，是因为它们是其他一切权利的先决条件。[2]有的学者从历史的角度将权利划分为消极地位的自由权、积极地位的受益权以及能动地位的参政权，“从承认个人自由，到承认受益权，再到认可参政权为基本权利或人权，这是人类对人权认识的历史发展过程”[3]。还有学者对权利从过程与状态（或结果）两个方面进行分析将其划分为实体性权利和程序性权利。如童之伟教授将全部权利划分为实体性权利和程序性权利，将实体性权利进一

---

〔1〕 徐显明主编：《法理学教程》，中国政法大学出版社 1996 年版，第 384 页。

〔2〕 参见［美］汤姆·L. 彼彻姆著，雷克勤等译：《哲学的伦理学》，中国社会科学出版社 1990 年版，第 289～290 页。

〔3〕 王世杰、钱端升：《比较宪法》，中国政法大学出版社 1997 年版，第 7 页。

步划分为人身权利、财产权利和社会政治权利三部分。[1]王锡锌教授认为，“权利至少可以从两方面来理解，即实体性权利和程序性权利，或者说作为状态的权利和作为过程的权利”[2]。显然，学界对权利予以分类的观点都有一定的理论价值，但笔者更赞成将权利划分为实体性权利和程序性权利的主张，因为它更有利于我们区分与把握形形色色的权利性质。那么，实体性权利和程序性权利的关系如何呢？

在孙笑侠教授看来，法律程序中存在着两个层面的人权，即实体性人权与程序性人权，前者如生命权、自由权、财产权等；后者如审判程序或行政程序中的回避权、辩解权、要求举证权、陈述权等。两者的关系表现为目的与手段的关系、源与流的关系以及内容与形式的关系。[3]王锡锌教授认为，在行政法律程序领域，行政相对人的实体性权利和程序性权利的关系体现在四个方面：一是实体性权利派生出相应的程序性权利；二是程序性权利服务于一定的实体性权利；三是程序性权利制约实体性权利；四是程序性权利可以产生实体性权利。[4]显然，两位学者的看法大体一致，王锡锌教授的新见在于：一方面认为实体性权利和程序性权利的源流关系应该是相对的，因为程序性权利也可以产生实体性权利；另一方面实体性权利和程序性权利的目的与手段的对应关系应该是相对的，因为“有些程序性权利并不服务于一定的实体结果，而是为了保障当事人在

〔1〕 参见童之伟：“再论法理学的更新”，载《法学研究》1999年第2期。

〔2〕 王锡锌：“行政过程中相对人程序性权利研究”，载《中国法学》2001年第4期。

〔3〕 参见孙笑侠：“论法律程序中的人权”，载《中国法学》1992年第3期。

〔4〕 参见王锡锌：“行政过程中相对人程序性权利研究”，载《中国法学》2001年第4期。

程序中能够受到公正的、富有尊严的对待"[1]。

基于上述对实体性权利和程序性权利关系的分析，行政程序抗辩权作为相对人的一种程序性权利，它的人权价值体现在两个层面：一是对外在性的实体权利之保障与生成；二是对内在性的尊严权利之维护。

（一）对外在性的实体权利之保障与生成

上述王锡锌教授认为，程序权利的行使和活动不仅可以保障实体权利的实现，而且在一定意义上能创制实体权利，据此，行政程序抗辩权的价值相对于实体权利而言，既体现在对现有的实体权利之保障，又体现在对新的实体权利之生成。

首先，行政程序抗辩权能够保障现有的实体权利。关于行政相对人程序性权利是否能够且应该保障实体权利的实现，程序工具主义持绝对肯定的姿态。其基本主张指法律程序并非独立于实体而存在，程序本身不是目的，程序是借以实现实体权利的工具和手段。如功利主义法学创始人边沁认为："对于实体部分来说唯一值得捍卫的对象或目的是社会最大多数成员的最大幸福。而对于实体法的附属部分，唯一值得捍卫的对象或目的，就是最大限度地把实体法付诸实施……程序的最终有效性要取决于实体法的有效性。"[2]客观地说，法律程序的工具主义理念具有一定程度的合理性，因为法律程序无疑具有目的或手段的价值。任何一种实体性权利都必须通过一定的程序而实现或获得保障，比如当某人所享有的实体权利受到不利影响时，他必须采取一定的方式、步骤或形式等而加以保护，"只有当程

---

〔1〕 王锡锌："行政过程中相对人程序性权利研究"，载《中国法学》2001年第4期。

〔2〕 转引自王锡锌：《行政程序法理念与制度研究》，中国民主法制出版社2007年版，第73页。

序性权利与实体性权利相适应、相佐证、相协调时，权利才能得到完整的表现，才会有实现的可能"[1]。行政程序抗辩权作为一种重要的程序性权利理所当然能够保障现有的实体性权利，美国宪法上的“正当法律程序”主要是一个程序性条款，其主要目的就是为特定的实体权利提供“正当程序”的保障。当然，适用“正当程序”条款的前提是个人的“生命、自由或财产”等实体权利可能受政府权力作用的影响。换言之，只要个人所享有的某些实体权利可能受侵害，无论侵害之大小，个人都有权主张正当程序所要求的程序保障。同理，行政程序抗辩权的启动也是以行政主体拟作出的决定对行政相对人的实体权益有不利影响为前提，根据实体权益受不利影响的程度，行政程序抗辩权可划分为正式行政程序抗辩权与非正式行政程序抗辩权。正式行政程序抗辩权指行政相对人因行政主体拟作出的决定对其合法利益将产生严重影响而在正式行政听证程序中予以辩解、质证及反驳的权利。如我国《行政处罚法》第 42 条规定：“行政机关作出责令停产停业、吊销许可证或者执照、较大数额罚款等行政处罚决定之前，应当告知当事人有要求举行听证的权利……”日本的《行政程序法》中，正式行政听证程序或正式行政程序抗辩权适用的对象是撤销许可认可，或者直接剥夺当事人的资格或地位等使当事人遭受特别重大的不利益处分，即当行政厅作出这些特定不利益处分时，当事人或参加人有权以口头方式表述意见，提交证据文件和向行政厅的职员提问。[2]非正式行政程序抗辩权指行政相对人因行政主体拟作出的决定对其合法利益将产生的影响较小而在非正式行政听证程序中予

[1] 孙笑侠：“论法律程序中的人权”，载《中国法学》1992 年第 3 期。

[2] 参见朱芒：“行政程序中正当化装置的基本构成——关于日本行政程序法中意见陈述程序的考察”，载《比较法研究》2007 年第 1 期。

以辩解、质证及反驳的权利。“行政主体拟作出的决定对相对人合法利益将产生的影响较小”主要指一些较轻的处罚如警告、小额罚款等。如我国《行政处罚法》第33条规定的行政处罚简易程序：“违法事实确凿并有法定依据，对公民处以50元以下、对法人或其他组织处以1000元以下罚款或者警告的行政处罚的，可以当场作出行政处罚决定……”无疑，行政相对人在行政程序中对行政主体拟作出的不利决定之理由予以抗辩，对合法、正当的意见，行政主体应当采纳，从而能有效保障相对人现有的实体权益。

其次，行政程序抗辩权能够生成新的实体权利。“从程序法与实体法相互作用的关系看，只有通过程序法的运作过程，即程序性权利的行使过程，实体权利和实体法的内容才能得到具体化。在这个意义上，程序以及蕴含在其中的程序权利已经不仅仅作为手段来实现实体法内容（实体权利），而且可以说是在不断地形成乃至创制实体法和实体权利本身了”〔1〕。从法制史的角度观察，通过程序性权利的行使和程序法的运作而创制实体权利的现象，并非罕见。例如，在英国，并没有一部成文宪法典规定公民的实体权利，但是普通法上的“自然正义”原则作为程序法上的原则在实践中不断适用，产生了作为普通法源泉的一系列判例，并以潜移默化的方式确立了公民的诸多实体权利。也许正是这个原因，英国著名宪法学者A. V. 戴雪在谈论英国宪法时，认为宪法并不是公民权利的来源，刚好相反，宪法只是普通法运行于四境之内所生之结果。〔2〕再如，在美国，传

〔1〕王锡锌：“行政过程中相对人程序性权利研究”，载《中国法学》2001年第4期。

〔2〕参见［英］戴雪著，雷宾南译：《英宪精义》，中国法制出版社2001年版，第239~245页。

统上权利—特权二分法的严重情形，特权不能成为当事人的既得权利，只是作为政府的恩赐和馈赠，对此，正当法律程序原则也无能为力。但是在20世纪30年代后，传统的权利—特权二分法遭到严厉非议，并在司法实践中通过正当程序将过去属于特权的利益转化为实体权利的范围，从而使新的实体性权利得以产生。譬如，在1970年具有里程碑意义的“戈德伯格诉凯利案”中，美国最高法院认为凡是依法可主张（entitlement）的一切财产和自由利益均属权利。显然，这是对“福利津贴是特权不是权利”的传统观念或制度的颠覆，从此，传统制度或观念认为的特权领域，诸如福利津贴、公共住房、政府雇员、教育、政府合同、酒类营业执照、监狱行政等，通过反复的司法实践几乎都能成为法律上可以主张权利的对象。难怪乎日本学者谷口安平由衷地提出了“诉讼法是实体法之母”的著名论断。[1]

英国的“自然正义原则”与美国的“正当法律程序原则”在诉讼程序中为何能使传统的特权转化为个人可以主张的权利，其中绝不可忽视的原因是当事人的诉讼辩论权的行使，正因为当事人在诉讼程序中据理力争，反驳政府的不当观念或行为，才能使政府作出一定的让步，从而使新的实体权利逐渐产生。而行政程序抗辩权作为相对人在行政程序中重要的程序性权利，与诉讼程序权利一样，乃“自然正义原则”与“正当法律程序原则”的题中之义，它借鉴诉讼程序辩论权的形式，毋庸置疑，在行政程序的运行中通过与行政主体的有效抗辩同样有助于生成新的实体权利。一般来说，政程序抗辩权与诉讼程序抗辩权在生成新的实体权利上关系较为紧密甚至不可分割，政程序抗辩权的行使乃启动诉讼程序抗辩权的前提，诉讼程序抗辩权乃

〔1〕［日］谷口安平著，王亚新、刘荣军译：《程序的正义与诉讼》，中国政法大学出版社1996年版，代译序第5~6页。

政程序抗辩权的有力后盾或救济。当行政相对人在行政程序中针对行政主体主张新的正当的实体权利时，如果行政主体对之予以认可，则新的实体权利随之产生，反之，如果行政主体对之表示反对或拒绝，则新的实体权利只能是幻影，在此情形下，行政相对人可以继续启动诉讼程序辩论权予以救济，从而使其在行政程序中所主张的新的实体权利成为实现。

（二）对内在性的尊严权利之维护

人的尊严最初是基于人本思想在文化上、宗教上被广泛使用的概念，尤其受到康德哲学的青睐，人的尊严权利的法律化始于《德国基本法》，它的第1条规定，人性尊严不可侵犯，对其尊重与保护是所有国家的义务。从此，人性尊严作为法律理念开始受到学者的广泛关注。学者城仲模认为人性尊严具有下述本质：①人的最后目的性，即人的存在，本身就是目的，而且是最高最后的目的。②宪法中人性尊严的核心内涵是自治与自决。③人性尊严的权利主体是每个人。[1]程序本位主义认为，评价法律程序的价值标准应当立足于程序本身是否具有某些独立于结果的“内在品质”，诸如个人尊严、理性、程序和平及正义等。随着行政权力尤其是行政裁量权在现代社会的不断扩张，肯定价值层面上的行政程序，即要求行政程序是一种正当性程序，对于规范行政权力的正当行使、保护公民权利无疑具有十分重大的现实意义。正如美国大法官W. 道格拉斯（William Douglas）所言：“权利法案的大多数规定都与程序条款有关，这一事实并不是无意义的。正是程序决定了法治与恣意的人治之间的基本差异。坚定地遵守严格的法律程序，是我们赖以实现

〔1〕 参见城仲模主编：《行政法之一般法律原则》，台湾三民书局1994年版，第13页。

人人在法律面前平等享有正义的主要保证。"[1]美国的马修教授认为："程序的平等性就是参与的平等性，程序只是为了参与者可预知及理性而设立，而可预知及理性显然有助于保护任何当事人的自尊心。"[2]

行政程序以权利义务为内容，无疑，行政程序权利能有力维护行政相对人的尊严权利。而政程序抗辩权又是行政程序权利的核心，因此，行政程序抗辩权是维护相对人尊严权利的关键。在行政程序中对行政主体拟作出的不利决定行政相对人不仅可以进行辩解，而且可以质疑行政主体所出示的证据并提出对自己有利的证据，甚至可以反驳对方的主张。我国的行政处罚法和行政许可法都有对抗辩权的规定，其中尊重与保障行政程序抗辩权是行政主体的法定义务，否则所作出的行政决定将被撤销或宣告无效。因此，行政程序抗辩权的行使，是行政相对人主体地位的体现，是人性尊严被尊重的标志。"一些学者的心理学研究证实，一个人在对自己的利益有着有利或不利影响的决定制作过程中，如果不能向决定者提出自己的观点，不能与其他各方及决定者展开有意义的论证、说服和交涉，就会产生强烈的不公平感。这种感觉源于其权益受到忽视、其人格主体地位遭到否定的这样一种现实"[3]。在现代社会，人人都应被当作自律、自主和自我负责的人来看待，行政主体在行使权力时也必须让行政相对人保持自己的判断、理智与尊严。如果行

[1] Christopher Osakwe, "The Bill of Rights for the Criminal Defendant in American Law", in J. A. Andrews ed., *Human Rights in Criminal Procedure*, Martinus Nijhoff Publishers, 1982, pp. 260～264.

[2] Jerry L. Mashaw, *Due Process in Administrative State*, New Haven: Yale University Press, 1985, p. 176. 转引自应松年主编：《比较行政程序法》，中国法制出版社1999年版，第192页。

[3] 徐亚文：《程序正义论》，山东人民出版社2004年版，第218页。

政主体作出不利决定之前没有及时告知行政相对人有抗辩的权利或拒绝行政相对人的抗辩权，无疑是对相对人的理智与尊严的冷漠，因为这种态度不但无助于塑造一个自律、自主的相对人，而且也使相对人难以找到令人幸福的自我价值感。“拥有近代的人格主体性的人，不仅意识到为了对抗侵害权利而主张自己的权利是问心无愧的正当行为，甚至会感到只有主张权利和为权利而斗争才是肩负维护这种秩序的人为维护法律秩序所应尽的社会义务”〔1〕。再如贝勒斯教授所言：“一个人在对自己利益有影响的判决制作之前，如果不能向法庭提出自己的主张和证据，不能与其他各方及法官展开有意义的辩论、证明和说服，就会产生强烈的不公正感，这种感觉源于制裁者对其利益的忽视，他的道德主体地位遭到法官的否定，他的人格尊严遭到贬损。”〔2〕这虽然是说诉讼程序辩论权的缺失会导致人的尊严权利遭践踏，但同样在行政程序领域，如果相对人的行政程序抗辩权不能有效行使，必然使人的尊严荡然无存。

总之，“自由的历史基本上是奉行程序保障的历史”，〔3〕行政程序抗辩权是现代行政程序权利的核心，在行政主体作出各项不利的决定之前，行政相对人对之予以充分的辩解、质证甚至反驳，这不仅能有效保障其现有的实体权利并生成新的实体权利而且更能彰显其主体性地位，维护其尊严权利。

二、行政程序抗辩权的法治价值

法治的核心功能是控制行政权，因而法治行政是法治的重

〔1〕［日］川岛武宜著，申政武等译：《现代化与法》，中国政法大学出版社1994年版，第56页。

〔2〕转引自孙笑侠：《程序的法理》，商务印书馆2005年年版，第107~108页。

〔3〕Felix Frankfurter, *United States Supreme Court Report*（87 *Law. Ed. Oct.* 1942 *Term*）, The Lawyers Cooperative Publishing Company, 1943, pp. 827~828.

心，当代法治包含形式法治与实质法治两种形态，相应地，法治行政也展现为形式意义的法治行政与实质意义的法治行政。“法治行政的要害在于保持法律对行政的控制，而这一目标只有借助行政程序的作用才能实现。……如果没有行政程序，行政机关可以随意选择实施行政法的时机、方式、方法和步骤，行政机关就可以通过滥设程序壁垒的方法或者采用拖延执法的方法取消行政法赋予公民、组织的权益，同时也可以通过选择欠缺正当性和科学性的执法方法加重公民、组织的行政法义务”〔1〕。这从反面说明了现代行政程序维护和促进法治行政的重要价值。现代行政程序促进法治行政的关键在于蕴含其中的诸多程序性权利的作用，尤其是行政程序抗辩权的作用，故而，行政程序抗辩权的价值必然有助于法治行政的实现。

（一）有助于实现形式意义的法治行政

形式意义的法治行政要求遵循严格规则主义，即“无法律即无行政”，克拉勃指出：根据近代国家观念，“必须承认法律——制定的法律——不但是公民的权利和义务的来源，而且是所谓主权者的权利或政府的一切构成权的基础”，“它不承认法律权力以外的其他权力，并且对于自以为是的主权者不留余地——行政法和私法间在原则上没有区别”〔2〕。因此，行政权的运用或行政行为的实施必须服从法律，受法律的约束。“主权者从前的职务应该看作公务行政的一部分，这种公务行政的各方面，只有根据法律和普通法或者某种特别法才能够处理”〔3〕。狄

〔1〕张庆福、冯军：“现代行政程序在法治行政中的作用”，载《法学研究》1996年第4期。

〔2〕［荷］克拉勃著，王检译：《近代国家观念》，商务印书馆1957年版，第25、90页。

〔3〕［荷］克拉勃著，王检译：《近代国家观念》，商务印书馆1957年版，第79页。

骥认为，如果没有法律依据，则“我认为国家这种公共权力之所以绝对能把它的意志强加于人，是因为这种意志具有高于人民的性质的这种概念是想象的，丝毫没有根据的，而且这种所谓国家主权既不能以神权来说明，也不能用人民的意志来解，因为前者是一种超自然的信仰，后者则是毫无根据，未经证明、也不可能的假设”。[1]

我国罗豪才教授主编的教材认为，行政法的基本原则就是行政法治原则，后者又可以分解为行政合法性原则与行政合理性原则。其中行政合法性原则的具体要求包括：其一，任何行政职权都必须基于法律的授予才能存在；其二，任何行政职权的行使都必须依据法律、遵守法律；其三，任何行政职权的委托及其运用都必须具有法律依据、符合法律要旨；其四，任何违反上述三点规定的行政活动，非经事后法律认许，均得以宣告为“无管辖权”或“无效”[2]。显然，此处的行政合法性原则是形式意义的行政法治的集中体现。在国内，周佑勇教授对行政法基本原则进行了较为系统、深入的研究，他认为，行政法的基本原则应当包含行政法定、行政均衡以及行政正当三大原则，其中行政法定原则又分解为职权法定、法律优先及法律保留三项子原则。[3]笔者以为，周教授所言的“行政法定原则”应该是形式意义的行政法治的标志，而“行政均衡与行政正当原则”应该是实质意义的行政法治的标志。那么，行政程序抗辩权又是怎样促进形式意义的行政法治的呢？

---

〔1〕［法］莱翁·狄骥著，钱克新译：《宪法论》，商务印书馆1962年版，“第二版序言”第8页。

〔2〕参见罗豪才主编：《行政法学》，北京大学出版社1989年版，第35、39页。

〔3〕参见周佑勇：“行政法基本原则的反思与重构”，载《中国法学》2003年第4期。

本文前面讲到了行政程序抗辩权的客体，即行政主体拟作出不利决定的理由，可分为合法性理由（事实材料、法律规范）和正当性理由（政策形势、公共利益、惯例公理等），这里的合法性理由应指形式意义的行政法治的理由，行政主体虽然应当说明拟作出的不利决定的合法性理由，但其所说明的理由不一定合法，因此还需行政相对人对之予以抗辩，才能真正促使行政主体依法行政。相对人的行政程序抗辩权是对行政主体依法行政的一种重要的约束和监督手段。“行政相对人进入行政活动，依照法定程序享有一系列的程序权利，这些权利形成了防范行政主体出现违法行政的制约性”，这里的程序权利包括行政程序抗辩权。“既然行政相对人参与了行政过程，公民权利就可以在一定程度上介入行政权力，被公民权利充分渗透的行政权力将是使行政权力沿着法制轨道运行的内在保证”〔1〕。行政主体所作出的不利决定的法律事实依据应遵循禁止主观臆断规则、符合证明逻辑规则及主要事实依据规则；法律依据应遵循全面展示法律规则、法律冲突择上规则及排除非法律性规范规则。〔2〕这虽然是针对行政主体作出不利行政决定时所附的合法性理由之标准，但完全可借以说明行政主体拟作出不利行政决定时所附的合法性理由之标准。如此，则行政相对人可以根据这些标准评判行政主体是否真正依法行政，如发现行政主体的所呈现的法律事实依据与法律依据违法，行政相对人可以对之予以辩解、质证甚至反驳，从而促使形式意义的法治行政得以实现。

〔1〕 方世荣：《论行政相对人》，中国政法大学出版社2000年版，第176、178页。

〔2〕 参见姜明安主编：《行政法与行政诉讼法》，北京大学出版社、高等教育出版社2007年版，第396～397页。

（二）有助于实现实质意义的法治行政

实质意义的法治行政理念的确立经历了一定的过程，田中二郎教授在《依法行政之原理》中对依法行政的含义进行了分析，指出："①最初谓一切行政行为，均须依据法律，始合于依法行政之本义。②其后谓仅系侵害人民权利，或使人民负担义务之行为，必须有法律之根据，其余行为，可听由行政机关自由决定，其解释已较前为广泛。③迨于最近，学者谓依法行政一词，仅有消极之界限，即指在不违反法律范围内，允许行政机关自由决定而言，非谓行政机关一举一动，均须有法律根据之意，其解释与前更不相同。"[1]也就是说，最初行政法对行政行为的规范采取的是纯粹的形式意义的法治行政，因为行政行为只有在具有明确的法律根据时才能被认定为合法。其后行政法对行政行为的规范采取的是部分的形式意义的法治行政与部分的实质意义的法治行政。当代行政法完全认可了实质意义的法治行政的普遍运用，因为只要不违反行政法规范的规定，行政机关的自由决定都应视为合法。

关于实质意义的法治行政的要求，我国官方与学界都有很好的说明，如2004年国务院《全面推进依法行政实施纲要》中对实质意义的法治行政作出了明确要求："……行政机关实施行政管理，应当遵循公平、公正的原则。要平等对待行政管理相对人，不偏私、不歧视。行使自由裁量权应当符合法律目的，排除不相关因素的干扰；所采取的措施和手段应当必要、适当；行政机关实施行政管理可以采用多种方式实现行政目的的，应当避免采用损害当事人权益的方……"罗豪才教授主编的教材认为，行政法的合理性原则（实质法治原则）的具体要求应包

〔1〕 林纪东：《行政法》，台湾三民书局1988年版，第49页。

括：其一，行政行为的动因应符合行政目的；其二，行政行为应建立在正当考虑的基础上；其三，行政行为的内容应合乎情理。[1]

学者方世荣从相对人的视角重构行政法的基本原则时，对实质行政法治原则作了较为完整的且合理的诠释。首先，他总结了目前实质行政法治的基本内容或要求，即行政行为应符合法律的目的、行政行为应当又正当的动机、行政行为的内容必须合乎情理、行政行为的作出应当考虑相关因素等。但方世荣教授认为，这还只是对行政主体的主观方面的要求，完整的实质行政法治还应包括对行政主体行使自由裁量权客观标准的要求以及行政相对人享有参入形成合理行政决定的权利的要求。[2]显然，这是对实质行政法治理论的完善与发展。尤其是方世荣教授在上面提出的实质行政法治的第三个要求，即“行政相对人享有参入形成合理行政决定的权利”已蕴含了行政程序抗辩权的内容，因为这一要求包含三个方面的内容：①行政相对人享有对行政主体的理论、辩理的权利；②行政相对人对行政自由裁量权的行使具有了解权；③行政相对人对行政主体的某些自由裁量式的决定，有通过协商、选择、竞争的方式来加以确定的权利。[3]其中①与③的内容可以说是行政程序抗辩权的具体表现。

实质行政法治是现代社会行政裁量广泛运用的必然要求，“根据根据形式法治的要求，立法者所制定的法律首先追求的是

〔1〕 参见罗豪才主编：《行政法学》，北京大学出版社1989年版，第43页。

〔2〕 参见方世荣：《论行政相对人》，中国政法大学出版社2000年版，第204页。

〔3〕 参见方世荣：《论行政相对人》，中国政法大学出版社2000年版，第209页。

形式的合理性或公正性，即对任何人和事都必须一视同仁，具有平等的普遍的约束力。故立法者透过法律仅能作抽象、一般的规范，而无法决定个案情况”。然而，正义的另一重要内容是“个案正义”，换言之，在法律适用过程中，公正适当的决定或裁判必须根据个案情况的需要作出。显然，唯有借助于行政裁量，才能将法定的目的与具体个案结合起来，从而缩小法律之下的形式公正与个案正义之间的距离，因为抽象、一般的规范并非当然可以满足个案正义的要求。[1]然而，在当代行政领域，我们既要强调对裁量权的需要，也应当警醒裁量权的危险性或危害性，因为“所有的自由裁量权都可能被滥用，这仍是个至理名言”[2]。如过度的或不必要的裁量权则构成对个案正义的一种潜在的威胁或直接的危害。由于形式行政法治制约行政裁量的严重不足，故而，我们需要倡导一种实质意义的行政法治对行政裁量予以有效治理。周佑勇教授认为，对行政裁量的有效治理必须着眼于全球化的视野，倡导一种以“原则”为取向的功能主义建构模式，具体要求为：“在法定、均衡和正当等行政法原则的统制之下，通过行政规则对行政裁量范围加以适当限定；通过均衡性的利益衡量对裁量的实体内容作出合理建构；通过实质性的利益沟通对裁量过程作出最佳建构；通过司法审查技术的相应跟进和完善确保这些裁量的建构最为适当。”[3]显然，这是对行政裁量予以实质法治的最好表达。

上述我们对实质行政法治的历史发展、基本要求及根本原

---

〔1〕 参见周佑勇：“行政裁量的治理”，载《法学研究》2007年第2期。

〔2〕 [英] 韦德著，徐炳等译：《行政法》，中国大百科全书出版社1997年版，第70页。

〔3〕 周佑勇：《行政裁量治理研究：一种功能主义的立场》，法律出版社2008年版，第42页。

因作了简要的阐述，那么，行政程序抗辩权为什么能促进实质行政法治以及如何促进实质行政法治的呢？

无疑，形式法治重视的是规范，而不是事实，而实质法治关注的不仅是规范，更关注规范是否适用于事实，而在事实与规范之间，沟通程序是最好的桥梁。正如凡·豪埃克（Mark. Van Hoecke）所言："如果法律是理性的，理性又被理解为沟通理性（communicative rationality），那么，法律就是一种沟通，而不仅仅是人际交往的不同规范的集合。"[1]行政程序抗辩权作为相对人对行政主体所提出的不利指控予以辩解、质证及反驳的权利，不仅是一种沟通，而且是一种富有成效的沟通方式。"如果说严格规则模式的行政法是注重'形式合理性'的，而现代行政自由裁量的实质化表明对'实质合理性'的要求，那么程序抗辩能够使行政正当理由通过交涉性的程序得以证成，因而它是协调'形式合理性'与'实质合理性'的重要机制"[2]。因此，在行政法领域，只有借助于行政程序抗辩权，行政相对人对适用于具体法律事实的法律规范予以抗辩，促使行政主体理性地选择法律规范，消弭法律规范与具体法律事实之间的沟壑，行政裁量的能动性和个案的正义性才能实现，规范才能更好地适用于事实，从而促使行政裁量真正走向实质法治。

行政程序抗辩权的客体，即行政主体拟作出不利决定的理由，可分为合法性理由（事实材料、法律规范）和正当性理由（政策形势、公共利益、惯例公理等），这里的正当性理由应指实质意义的行政法治的理由，行政主体虽然应当说明拟作出的不利决定的正当性理由，但其所说明的理由不一定正当，因此还需行政相对人对之予以抗辩，才能真正促使实质意义的行政

〔1〕 Mark. Van Hoecke, *Law as communication*, Hart publishing, 2002, p. 10.

〔2〕 孙笑侠："论新一代行政法治"，载《外国法译评》1996年第2期。

法治走向实现。章剑生教授认为，“用于支撑行政行为自由裁量的事实依据和法律依据，我们称之为行政行为的正当性理由。要求行政主体就行政行为说明正当性理由的客观依据是行政自由裁量权的广泛存在，主观依据是防止行政自由裁量权的滥用”。其中筛选事实的依据包括排除非法证据规则、遵循因果联系规则以及疑惑事实从无规则；选择法律的依据包括遵守惯例公理规则、体现政策形势规则以及符合公共利益规则。[1]这虽然是针对行政主体作出不利决定时所应说明的正当性理由的依据，但同样可以借以解释行政主体作出不利决定之前所应告知行政相对人拟作决定的正当性理由之依据。如此，则行政相对人可以根据这些依据评判行政主体是否真正做到正当行政，如发现行政主体作出不利决定之前所呈现的事实依据与法律依据有违正当性，行政相对人则可以对之予以辩解、质证甚至反驳，从而促使实质意义的法治行政得以生成。

为了进一步认识相对人的行政程序抗辩权对促进实质意义的法治行政的重要性，我们来观察现实生活中的一个典型案例，即杜宝良交通违章处罚案。案情简介：北京贩菜杜宝良，系安徽农民，2005 年 5 月 23 日收到一张 10 500 元的罚单，缘由是 2004 年 7 月 20 日 ~2005 年 5 月 23 日杜宝良在驾驶小货车运菜时，在每天必经的北京市西城区真武庙头条西口被“电子眼”拍下闯禁行 105 次，每次罚款 100 元，总共被罚款 10 500 元。但此前，从未有交管部门告知他有违法行为。2005 年 6 月 1 日，杜宝良前往北京西城交通支队执法站接受了巨额罚款。在社会舆论的鼓舞下，6 月 13 日，杜宝良向北京市西城区人民法院提起行政诉讼，申请撤销北京市公安交通管理局西城交通支队西

〔1〕 章剑生：“论行政行为说明理由”，载《法学研究》1998 年第 3 期。

单队对他的行政处罚决定。6 月 18 日，北京西城法院正式受理“杜宝良案”。7 月 27 日，在北京交管部门根据《人民警察法》及《公安机关内部执法监督规定》，以内部执法监督的方式，对西单队的执法行为予以纠正后，杜宝良撤诉。[1]

显然，对本案进行分析可知，由于行政主体在作出对行政相对人的不利决定之前没有保障相对人的行政程序抗辩权从而使作出的行政决定违反了行政实质法治。如此，则从反面证成了尊重与保障行政程序抗辩权有助于实质意义的行政法治的实现。根据《中华人民共和国道路交通安全法》第 90 条规定：“机动车驾驶人违反道路交通安全法律、法规关于道路通行规定的，处警告或者 20 元以上 200 元以下罚款。本法另有规定的，依照规定处罚。”而杜宝良闯禁行 105 次，每次罚款 100 元，总共被罚款 10 500 元，这样的处罚决定在形式上是合法的，但严重违反了实质法治。首先，对于“总共被罚款 10 500 元”的这一处罚决定有违行政实质法治，因为如果作为行政主体的北京西城交通支队在第一次处罚决定之前告知作为行政相对人的杜宝良有抗辩权，这样的处罚结果通常是不可能发生的。其次，对于“每次罚款固定为 100 元”的行政决定也是违行政实质法治的，因为，为什么每次罚款固定为 100 元，并非 50 元或 150 元，而 50 元或 150 元也是符合《中华人民共和国道路交通安全法》第 90 条的规定。其中一个重要的原因是行政主体在作出裁量处罚决定之前没有告知拟作出决定的实质法治理由或正当性理由，也没有告知相对人的拥有行政程序抗辩权，从而使相对人无法参与行政决定的过程，而实质意义的行政法治的重要标志之一，乃裁量式的决定应当是行政主体与行政相对人通过抗辩达成合意的结果。

[1] 参见“杜宝良事件回放”，载 http://news.xinhuanet.com/legal/2005-07/28/content_3278144.htm.

三、行政程序抗辩权的和谐价值

对于公权与私权的关系，“我们既不能把它们看成完全对立冲突的两极，也不能把他们看成没有差别、矛盾的统一协调体，而是既相适应又相冲突，既对立又统一的矛盾结构体”〔1〕。在行政法领域，正确认识和协调行政权与行政相对人权利之间的关系，避免一方对另一方的不利影响，充分发挥一方对另一方的积极作用，实现行政权与行政相对人权利的良性互动，是构建和谐行政的基础。在行政程序中，如果公民能够充分积极地行使其行政程序抗辩权，“即意志可以充分地表达并得到尊重和采纳，他们将会尽力贡献自己的聪明才智，积极为政府出谋划策”，同时，行政程序抗辩权“也可以强化行政机关的行政效率感和责任感，弱化人们对于行政权力中心的疏远感，培养起人们对于行政的足够关注，塑造出具有知识并能够对行政事务有更敏锐、更强烈兴趣的公民，有利于行政机关与公民之间良好关系的形成”〔2〕。和谐行政的关键在于：一是行政主体与行政相对人之间的法律地位应该保持相对平衡，如果行政主体高高在上，以发号施令者自居，而行政相对人则被看作被驱使或被使唤的对象，那么和谐行政只能成为幻影；二是公共利益与个人利益之间的冲突应该得以妥当地化解，如果只顾公共利益不考虑合理的个人利益或只顾个人利益不考虑正当的公共利益，那么和谐行政也只能成为美谈。行政程序抗辩权作为现代行政程序中的一种不可或缺的权利，不仅能有效平衡行政主体与行政

---

〔1〕 刘作翔：《迈向民主与法治的国度》，山东人民出版社 1999 年版，第 183～184 页。

〔2〕 张泽想：“论行政法的自由意志理念——法律下的行政自由裁量、参与及合意”，载《中国法学》2003 年第 2 期。

相对人之间的地位，而且能有效消弭公共利益与个人利益之间的冲突，因而，行政程序抗辩权的存在与运行有利于促进和谐行政。

（一）平衡行政主体与行政相对人之间的地位以促进和谐行政

和谐行政必须以平衡行政主体与行政相对人之间的地位为先决条件，而行政主体与行政相对人之间的地位的平衡是通过设定权利（权力）义务机制来实现的，因此，从制度的设定上使权力与权利保持相对抗衡乃和谐行政的首要要求。关于如何使权力与权利相对抗衡的制度设想，我国学者郭道晖教授曾提出过“以权利制约权力”的观点，具体包括六个方面：①广泛分配权力——扩大权利的广度，以抗衡权力的强度；②集体行使权利——把分散行使的公民权利，集中为人民的权利；③优化权利结构——建立与健全同权力结构相平衡的权利体系；④强化权利救济——发挥抵抗权与监督权的作用；⑤提高全民权利意识——释放权利的“动能”，以抗衡权力的“势能”；⑥掌握制衡的度——以不妨碍合法权力正当行使为度。[1]这一理论彰显了行政相对人在行政活动中应有的地位，为行政相对人督促行政主体合法、正当行政，从而促进和谐行政的到来有一定的现实意义。但郭道晖教授所描绘的“以权利制约权力”的蓝图还较为宏观，没有具体凸显行政相对人行政程序性权利的重大价值，而在现代行政法治时代，只有行政程序性权利，尤其是行政程序抗辩权才能有效抗衡行政权力。

“在依实体法所确立的公法法律关系中，相对人虽然也被认为是法律关系的主体，但是，由于管理过程中管理主体与相对

[1] 参见郭道晖：《论法的时代精神》，湖南人民出版社1997年版，第295～299页。

人之间权势实力的显著差异，事实上很难像诸如民事合同法律关系那样，主体双方处于完全平等的地位。而公法程序制度则将实体法中的权力主体——管理主体转化为程序方面的义务主体，将实体法中的义务主体——相对人转化为程序方面的权利主体”[1]。相应地，在行政程序法律关系中相对人从实体义务的承担者转化为程序权利的享有者，例如，纳税人按行政实体法规定有纳税义务，但在行政主体征税的过程中有依照行政程序法享有对纳税额不服提出要求减免或抗辩申诉的程序性权利。而行政主体由实体权力的享有者，转化为程序义务的承担者，例如，行政主体在行使行政处罚权这一实体权力的过程中必须同时履行一系列的程序义务，尤其在听证程序中，首先，行政主体必须向行政相对人告知拟将作出行政处罚的内容；其次，如果行政相对人要求听证的，行政机关必须履行组织听证的义务；最后，在听证会上，行政主体必须听取当事人的意见，包括陈述与抗辩；听证结束后，行政主体还应把听证笔录交由行政相对人审核并签名或盖章，方位有效。

显然，行政主体与行政相对人在程序上的权力（利）义务的相互对应关系，使双方角色在特定条件下换位，使双方在实体法律关系中反映出来的权利义务分配方面的不平等得以恢复均衡。但要真正有效地实现行政主体与相对人之间法律地位的平衡，设定行政相对人的行政程序抗辩权是至关重要的。

在当代各国行政程序法立法例中，无论被称为“听证”还是称为“申辩”，它都已成为行政相对人一项普遍的程序性权利，相应地，对行政主体而言，就是增加了“公平行为的责任”和“说明理由的义务”。“行政权力与相对人权利的平衡正是通

---

〔1〕 黄学贤主编：《中国行政程序法的理论与实践——专题研究述评》，中国政法大学出版社2007年版，“代序言”第12～13页。

过相对人享有抗辩权而实现的。'听证'、' 申辩' 或 '抗辩' 都是为了 '理由证成' 或 '权利防卫'，它们都表示通过当事人的参与和介入，对行政正当理由进行论证，防止行政自由裁量中的恣意"[1]。因此，只有相对人在行政程序中得到抗辩的权利和机会才能体现出地位的平等，才能保证行政相对人具有对抗或抑制行政主体专横、武断的基础。由于行政相对人拥有行政程序抗辩权从而造成一种声势给行政主体带来了威慑力，如此，"参与行政程序中的行政相对人哪怕一言不发，行政主体也不敢恣意妄为或者至少有所收敛"[2]。

此外，对行政优先权的抑制是行政程序抗辩权平衡行政主体与行政相对人之间的地位的一个重要表征。行政优先权是指国家为保障行政主体有效地行使行政职权而赋予行政主体许多职务上的优先条件，换言之，行政权与其他社会组织及公民个人的权利在同一领域或同一范围内相遇并冲突时，行政权具有优先行使和实现的效力，包括先行处置权、获得社会协助权和行政行为的推定有效性。[3]行政优先权当然也不是绝对的，而是有着权力行使的界限。行政优先权的成立必须具备四个条件：其一，主体必须是行政主体；其二，行政主体必须是在行使职权、从事公务；其三，必须是为实现行政目的所必需；其四，必须有法律依据。[4]对于行政行为是否合法行使政优先权，传统的做法是在事前予以实体法控制与事后进行司法审查，行政

---

〔1〕 孙笑侠：《程序的法理》，商务印书馆2005年版，第250~251页。

〔2〕 张晓光："行政相对人在行政程序中的参与权"，载《行政法学研究》2000年第3期。

〔3〕 参见赵振华："刍议行政相对人的程序对抗权"，载《法学论坛》2000年第3期。

〔4〕 参见罗豪才主编：《行政法学》，北京大学出版社2001年版，第38、40页。

相对人在行政行为过程中是无权提出质疑的。显然，这很难有效平衡行政主体与行政相对人之间的法律地位，现代行政法程序控权方式要求将行政优先权是否成立的审查纳入行政行为过程中，由行政相对人以行使程序性权利的方式来限制行政优先权的不当推定，从而彰显了相对人平等的主体地位。譬如，行政相对人通过陈述权、申辩权甚至抵抗权的享有和行使对行政主体的先行处置权形成抗衡；行政相对人通过获得知情权与补偿权、申诉权与行政主体获得社会协助权形成抗衡以及通过质证权、赔偿请求权等与行政行为的推定有效性形成衡平机制。[1]无疑，在行政相对人的所有行政程序权利中，行政程序抗辩权是不可或缺的，如上述中的申辩权、质证权都是抗辩权的主要内容，因此对行政优先权的抑制离不开行政程序抗辩权。

（二）消弭公共利益与个人利益之间的冲突以促进和谐行政

从程序法制度上设定行政程序抗辩权有助于行政主体与行政相对人之间的地位趋于平衡，从而使和谐行政成为可能，但只有行政主体所代表的公共利益与行政相对人所代表的个人利益在行政过程中协调一致，才能使和谐行政成为现实。行政程序抗辩权在行政过程中的充分有效运行有助于消弭公共利益与个人利益之间的冲突，从而促进和谐行政。

众所周知，行政法是以公共利益与个人利益之关系为基础和调整对象的法律。公共利益与个人利益既存在利益一致关系，又存在利益冲突关系，即个人利益制约着公共利益，同时公共利益也制约着个人利益。当发生利益冲突时，个人利益虽然要服从公共利益，但也要考虑合理的或合法个人利益，对其只能进行适度的限制，而不完全否定和蔑视个人合理的或合法的权

---

〔1〕参见肖金明、冯威主编：《行政执法过程研究》，山东大学出版社2008年版，第151页。

利和利益。“但是，‘公共利益’的判断标准、判断主体、判断程序等往往是含糊和不明确的。抽象的不确定的法律概念‘公共利益’既适应了行政裁量的多样化与复杂化的需要，又容易带来副作用——曲解和滥用，甚至可能导致借‘公共利益’之名行侵害人民权利和自由之实”〔1〕。因此，为了防止行政裁量的恣意，限制滥用“公共利益”侵犯个人利益，必须借助于行政程序抗辩权以保障行政权行使的合目的性和符合正当程序之要求。“行政必须使一般公民认为在行政活动中合理地考虑了它所追求的公共利益和它所干预的私人利益之间的平衡。”〔2〕而达到此目的最佳选择是尊重与保障行政相对人的行政程序抗辩权，因为行政主体在作出对行政相对人的不利决定之前，相对人通过提出证据、质证及反驳等方式对拟作出的行政决定所持的合法或正当理由进行论证，有利于查明事实真相，使行政行为合法、公正，使个人利益有望得到尊重和实现，从而妥善协调公共利益和个人利益，增加行政行为的可接受性。具体而言，行政程序抗辩权对化解公共利益和个人利益之间的冲突的价值体现在三个方面：

1. 对于行政主体拟作出的不利决定所告知的理由明显违法或不正当，行政相对人通过抗辩使行政主体及时予以纠正，从而使公共利益和个人利益之间的冲突得以消除。现代行政程序可以让行政相对人直接介入行政权的行使过程，在此过程中，行政程序抗辩权成为行政权合法、正当伸展的一种外在规范力量，并随时可对行政权的行使是否合法、正当在法律范围内提出抗辩，从而促使行政机关反思其拟作出的具体决定并自动纠

〔1〕 王周户、柯阳友：“行政听证制度的法律价值分析”，载《法商研究》1997年第2期。

〔2〕 王名扬：《英国行政法》，中国政法大学出版社1987年版，第139页。

正不合法或欠缺正当性的情形，正如有学者所说："行政程序作为一种科学而严格的意思表示规则，至少能使行政主体作出错误意思表示的危险减少到最小限度，为行政主体作准确的意思表示提供一种最大的可能性。"[1]无疑，行政程序促使行政主体拟作出的不利决定合法正当的重要原因在于行政相对人的行政程序抗辩权的有效行使。

2. 行政主体对于行政相对人错误的抗辩进行正确的说理与引导，使相对人真正意识到自己不当的抗辩并得到某种精神上的安慰，从而使公共利益和个人利益之间的冲突得以消除。一般来说，行政主体拟作出一个对行政相对人不利的行政决定并告知行政相对人时，必然会引起行政相对人的不满，这样很容易使行政相对人产生错误或不当抗辩，这种错误或不当抗辩有的是相对人故意逃避责任或处罚所致，有的是相对人对相关法律或政策的不了解或不理解所致，因此，行政主体应该首先使相对人在行政程序中宣泄不满情绪，然后再对其动之以情，晓之以理，从而使行政相对人获得某种安抚，其自身的人格也获得了行政主体的尊重，那么，对于行政权行使的结果，无论对他有多少不利，他都可能会全部接受。因此，阿尔蒙德说："如果某一社会中的公民都愿意遵守当权者制订和实施的法规，而且还不仅仅是因为若不遵守就会受到惩罚，而是因为他们确信遵守是应该的，那么，这个政治权威就是合法的。"[2]

3. 对于某些重要或复杂的行政决定因通过行政主体的说理与行政相对人的抗辩而达成合意，从而使公共利益和个人利益

〔1〕 叶必丰："公共利益本位论与行政程序"，载《政治与法律》1997年第4期。

〔2〕［美］加布里埃尔·A. 阿尔蒙德、小G. 宾厄姆·鲍威尔著，曹沛霖等译：《比较政治学：体系、过程和政策》，上海译文出版社1987年版，第35~36页。

之间的冲突得以消除。行政相对人的抗辩权具有双重的本质属性：一是防卫非法或不当的不利行政决定的侵犯；二是促成合法或正当的不利行政决定的形成，两者都能有效化解公共利益和个人利益之间的冲突。法国学者贝尔纳·古尔内所言："如果不把行政置还于公众——它从其中产生并且其活动亦是面向它们之中，就不可能了解行政。"〔1〕因此，当代民主行政使行政权的运作需行政主体与行政相对人双方合力才能完成。行政程序抗辩权促成合法或正当的不利行政决定的形成的具体路径为：一方面，行政相对人通过抗辩能够更好地了解行政机关欲作出的不利决定的目标和内容，以充分表达自己的主张和异议；另一方面，行政相对人通过抗辩使行政主体也能够充分了解行政相对人的意见、建议，进而在充分权衡各种利益和价值的基础上作出决定。如此，在吸纳相对人参与的情况下而进行的证明和说服，本身也就包含了相对人自己作出选择的意味，从而使行政决定以最利于满足公共利益和个人利益的方式达成一致。

四、小结

行政程序抗辩权的价值主要体现在尊重与保障人权、促进法治行政以及达成和谐行政。其中，尊重与保障人权是促进法治行政的目的，而促进法治行政则是实现尊重与保障人权的必要条件；尊重、保障人权与促进法治行政是达成和谐行政的必然要求，而达成和谐行政则是尊重、保障人权与促进法治行政的最终归宿。行政程序抗辩权的人权价值体现在两个层面：一是对外在性的实体权利之保障与生成；二是对内在性的尊严权利之维护。当代法治包含形式法治与实质法治两种形态，相应

〔1〕［法］贝尔纳·古尔内著，江振霄译：《行政学》，商务印书馆1995年版，第78页。

地，法治行政也展现为形式意义的法治行政与实质意义的法治行政。行政程序抗辩权的存在与运行不仅有助于实现形式意义的法治行政，而且有助于实现实质意义的法治行政。和谐社会的关键在于和谐行政，和谐行政的要求：一是行政主体与行政相对人之间的法律地位应该保持相对平衡；二是公共利益与个人利益之间的冲突应该得以妥当地化解。行政程序抗辩权不仅能有效平衡行政主体与行政相对人之间的地位，而且能有效消弭公共利益与个人利益之间的冲突，因而，行政程序抗辩权的存在与运行有利于促进和谐行政。挖掘行政程序抗辩权的深层价值之目的是为了更好地实现其价值，否则其价值即使更多、更完美，也只是一种理想的境界，如此，构建有效的行政程序抗辩权保障与救济制度乃必然之选择。

第四章 行政程序抗辩权之保障论

如前所述，行政程序抗辩权有着丰富的价值意蕴，但行政程序抗辩权的价值必然要求法律制度对行政程序抗辩权的保护，只有行政程序抗辩权在行政程序中得到了切实的保障，我们才说，其价值在某种程度上实现了，因为“价值是制度和规范的灵魂，但价值不会自动实现，它必须化为具体的制度和规范并通过制度与规范的执行来实现”[1]。只有“当参与者相互间平等相待，没有强制，当他们移情地倾听另一个人的焦虑，以探究他们的基本假设和世界观时”[2]，真正的对话或沟通才会出现。在行政程序中，要促进有成效的商谈和对话就应该构建商谈和对话的平台，并保障利益受到影响的行政相对人参与商谈和对话的权利，因此，如何从法律上保障行政程序抗辩权乃必须予以回应的一个重大问题。本章首先，考察了域外行政程序抗辩权保障制度的现状，并得出了重要启示；其次，分析了我国行政程序抗辩权保障制度的现状与缺失；最后，结合国外的有益启示与国内的一些问题对未来的中国行政程序抗辩权保障制度进行了应然之构建。

〔1〕 转引自闫丽彬：“行政程序价值论”，吉林大学2005年博士学位论文。

〔2〕 Nancy C. Roberts, “Keeping Public Officials Accountable Through Dialogue: Resolving the Accountability Paradox”, *Public Administration Review*, 2002 (6).

一、域外行政程序抗辩权保障制度之现状与启示

(一)域外行政程序抗辩权保障制度的现状

域外行政程序抗辩权保障制度较为全面,既体现在行政程序法的基本原则中,又体现在行政程序法的基本制度上。这里我们以英美法系与大陆法系的主要国家为例简要说明行政程序抗辩权的保障状况。

1. 英美法系行政程序抗辩权保障制度的现状。从行政程序法的基本原则来看,英国的自然公正原则与美国的正当法律程序原则起初是作为宪法层面的原则,后来经行政程序法认可成为行政程序法的基本原则,它们充分蕴含了对行政程序抗辩权的保障,对此,前面论证行政程序抗辩权的理论基础部分有详细阐述,此处不赘述。澳大利亚最重要的行政程序法基本原则当属程序公平原则,该原则来源于英国的自然公正原则,其要义指行政机关作出影响公民权益的决定之前,必须承担公平行为的义务,赋予公民表达意见的机会;其基本内容主要包括听证规则、反对见规则和可信证据规则。听证规则是程序公平原则的核心内容,指受到行政机关不利指控的公民有权陈述自己的看法,并进行必要的抗辩。显然,澳大利亚的程序公平原则包含了对行政程序抗辩权的保障。

从行政程序法的基本制度来看,对行政程序抗辩权的保障体现在行政听证制度中,因为行政程序抗辩权是行政听证程序的核心,并且只能存在与运行于行政听证程序中(正式行政听证程序与非正式行政听证程序)。诚如应松年教授所言,正式行政听证作为一种行政程序制度,在不同国家的行政程序法中都规定了具体的可操作的程序权利来实现,概括起来包括以下内容:“及时得到通知的权利;以口头方式阐述意见,反驳对自己

不利的观点，为自己利益辩护的机会；要求听证公开举行以及获得充分信息的权利；聘请律师以及其他获得法律援助的权利；要求以听证记录作为决定之依据的权利；对决定不服时申述的权利。”[1]其中，“以口头方式阐述意见，反驳对自己不利的观点，为自己利益辩护的机会”。就是行政程序抗辩权的体现。总之，没有听证，抗辩将无法进行，相反，没有抗辩，听证必将流于形式。

英国的行政听证制度对行政程序抗辩权的保障主要包括公开调查与听证，前者指对调查事项有利害关系的人都可以陈述意见、提出证据和参加听证调查，后者在方法上与前者类似，只是在参加人的范围上有所限制。英国听证范围，即抗辩范围，历经了从权利到特权再到可期待利益的一个扩展过程。在美国，对行政程序抗辩权的保障较为完善的是《联邦行政程序法》对行政机关作出的具体行政行为规定的正式行政听证制度，这一制度对行政程序抗辩权的保障体现在：

（1）规定了行政程序抗辩权的主体，即所有利害关系人，如《联邦行政程序法》第554条规定，对于裁决行为“行政机关应向所有利害关系人提供”“在当事人之间不能通过协商解决纠纷的情况下……获得听证和通知后裁定的机会”。

（2）规定了保障行政程序抗辩权的告知制度，如《联邦行政程序法》规定，有权得到行政机关听证通知的人，必须就下例事项及时得到通知：①听证的时间、地点和性质；②举行听证的法律依据和管辖权限；③听证所涉及的事实和法律问题。

（3）规定了保障行政程序抗辩权的职能分工制度，如，《联邦行政程序法》规定，听证由具有独立法律地位的行政法官主

[1] 应松年主编：《行政程序法立法研究》，中国法制出版社2001年版，第100页。

持，他不得："①向某人或某当事人就争议的事实征询意见，除非已经发出通知，使所有当事人都有机会参加。②对为某具体机关履行调查或起诉职责的职员或其代表负责，或受其监督或受其指示。"

（4）规定了保障行政程序抗辩权的听证记录制度，指出行政机关必须依听证记录作出裁决。

（5）在正式行政听证程序中行使的抗辩权，我们可称之为正式行政程序抗辩权，《联邦行政程序法》对正式行政程序抗辩权行使规定了例外情形，从而从反面说明了正式行政程序抗辩权适用范围，如：其一，以后由法院就法律问题和事实问题重新审理的事项；其二，除行政法官外，政府职员的录用和任期；其三，完全根据观察、测验或选举而作出的行政裁决；其四，执行军事或外交事务的职能；其五，行政机关充当法院代理人的案件；其六，劳工代表资格的证明。

2. 大陆法系行政程序抗辩权保障制度的现状。从行政程序法的基本原则来看，葡萄牙《行政程序法》的参与原则包含了对行政程序抗辩权的保障，如第 8 条规定，公共当局的机关，在形成与私人的决定时，尤其应借本法典所规定的有关听证，确保私人以及以维护自身利益为宗旨团体的参与。奥地利《行政程序法》的公正原则体现了对行政程序抗辩权的保障，如第 37 条规定，调查程序的目的在于认定处理行政事件所依据的事实，并给予当事人主张其权利与法律上利益之机会。法国行政程序法的内容主要由法院的判例所构成，相关单行法律所体现的防卫权原则包含了对行政程序抗辩权的保障，因为防卫权原则是指当事人为了防卫自己的利益和权利起见，对于行政机关带有制裁性质的决定，或根据个人情况而作出的决定，有权提出反对意见。[1]

从行政听证制度来看，德国的正式行政听证制度对行政程序抗辩权的保障主要体现在：①规定了抗辩前的告知方式；②从正反两面规定了抗辩的适用范围，如德国《联邦行政程序法》第28条规定，干涉当事人权利的行政处分作出之前，应给予当事人，对与决定有关的重要事实，表示意见的机会。这是从正面规定了行政相对人对行政机关的不利处分的抗辩权。但行政机关认为案件无听证必要，依其裁量权可以决定不给予听证或抗辩，如在紧急情况下，或因公共需要，应当立即作出行政决定等。③规定了抗辩的表达方式，即言词辩论或口头辩论，并要求辩论的过程应制成笔录，且笔录是行政机关作出决定的依据。奥地利《行政程序法》的听证制度对行政程序抗辩权的保障，主要表现在听证的开始方式、听证告知方式、听证的具体过程以及听证笔录等方面。日本的行政听证制度对行政程序抗辩权的保障最显眼的体现在听证程序的类型上，根据行政机关对具体的不利益处分的不同程度，可分为正式听证程序与非正式听证程序，前者包括听证的通知、文书阅览、听证的审理以及听证的案卷记录等一系列规定；后者指通知和口头或书面辩解等简单规定，也称"辨明程序"。正式听证的适用范围，即正式抗辩的适用范围，日本《行政程序法》第13条规定了四个方面：①欲作出撤销许可、认可等不利益处分时；②除①项规定者外，欲作出直接剥夺相对人的资格或地位的不利益处分时；③相对人是法人时，欲作出命令解任其董事、命令解任从事其业务者或者命令除名其会员的不利益处分时；④除①~③项规定外，行政机关认为适当时。对于非正式听证的适用范围，即

〔1〕参见王名扬：《法国行政法》，中国政法大学出版社1989年版，第154~155页。

非正式抗辩的范围，日本《行政程序法》第13条明确规定，不符合适用正式听证的四项情形，提供辨明机会，即可适用非正式听证。

（二）域外行政程序抗辩权保障制度的启示

以上是对英美法系与大陆法系主要国家对行政程序抗辩权的法律保障现状的简要说明，显然，我们可以从中得出下述有益的启示：

1. 宪法或专门的行政程序法中有保障行政程序抗辩权的现代行政程序基本原则，如英国的自然正义原则、美国的正当法律程序原则等。

2. 大多数国家制定了统一的行政程序法典，其中规定了有效保障行政程序抗辩权的行政听证制度。

3. 大多数国家规定了享有要求听证权利的主体包括所有利害关系人，即直接行政相对人与间接行政相对人，从而暗示了行政程序抗辩权的主体，即直接行政相对人与间接行政相对人。

4. 大多数国家规定了听证程序的基本类型：正式听证程序与非正式听证程序，如美国、德国、日本等，从而隐含了行政程序抗辩权分类主要包括正式行政程序抗辩权与非正式行政程序抗辩权，前者存在与运行于正式听证程序中，后者存在与运行于非正式听证程序中。

5. 少数国家对行政程序抗辩权适用的范围有较理想的规定，既从正面规定了行政程序抗辩权所适用的范围，又从反面规定了行政程序抗辩权所不能适用的范围，如美国、日本等。对于从正面规定行政程序抗辩权所适用的范围，大陆法系国家一般根据行政行为的种类来确定，即行政行为必须是做出负担处分或不利益处分，而英美法系一般从行政机关影响的相对人的权利角度来规定，当行政相对人的权利受到行政机关不利影响时享有行政程序辩权，而且经历了从权利到特权，从即有权利到“合法期待”的发展过程。

6. 大多数国家规定了行政程序抗辩笔录的效力，行政决定的作出必须基于听证笔录，当然包含了抗辩笔录，从而有效保障了行政程序抗辩权。

二、我国行政程序抗辩权保障制度之现状与问题

（一）我国行政程序抗辩权保障制度的现状

我国行政程序抗辩权的法律保障现状，就具体的行政执法程序而言，主要体现在1996年的《行政处罚法》与2003年的《行政许可法》所规定的听证程序中，包括正式行政听证程序与非正式行政听证程序。其一，就听证的参与人而言，即抗辩的参与人，行政处罚法仅规定了当事人的参与权，行政许可法则扩展至申请人和利害关系人。其二，就正式听证的范围而言，即正式抗辩的范围，我国法制也采用了明确规定的方式，基本上是遵循法定主义原则。如《行政处罚法》第42条规定：“行政机关作出责令停产停业、吊销许可证或者执照、较大数额罚款等行政处罚决定之前，应当告知当事人有要求举行听证的权利；当事人要求听证的，行政机关应当组织听证……”《行政许可法》第46条规定：“法律、法规、规章规定实施行政许可应当听证的事项，或者行政机关认为需要听证的其他涉及公共利益的重大行政许可事项，行政机关应当向社会公告，并举行听证。”其三，就听证类型而言，即抗辩的类型，两部单行法律都明确建立了相当于美国、德国等的正式听证制度，但法律中的陈述、申辩制度没有直接说明是非正式听证制度，我们可以认为它相当于其他国家行政程序法中的非正式听证制度。其四，就正式听证的主持人而言，即正式抗辩的主持人，处罚法和许

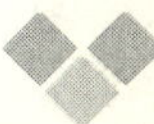

可法都强调了主持人的相对独立性，行政主体规定了本案调查人员、审查人员以外的工作人员担任主持人。其五，就抗辩的客体而言，两部法律都有所规定，如《行政处罚法》第42条第1款第6项规定："举行听证时，调查人员提出当事人违法的事实、证据和行政处罚建议；当事人进行申辩和质证。"《行政许可法》第48条第1款第4项规定："举行听证时，审查该行政许可申请的工作人员应当提供审查意见的证据、理由，申请人、利害关系人可以提出证据，并进行申辩和质证。"其六，就正式听证笔录对行政决定的效力而言，即包含抗辩笔录对行政决定的效力，行政处罚法没有规定，许可法则明确规定"行政机关应当根据听证笔录，作出行政许可决定"。

（二）我国行政程序抗辩权保障制度的问题

显然，上述我国行政程序抗辩权保障制度的现状对于推进行政民主、行政法治及保障相对人权利有着不可忽视的价值，但与西方发达国家的行政程序法对行政程序抗辩权的保障相比，存在亟需解决的问题还很多，具体表现在下述几个方面：

1. 宪法和法律中缺少有关现代行政程序基本原则的一般性规定，譬如，不存在类似于普通法传统中的自然正义原则，也没有类似于美国宪法中正当程序条款的规定，致使我国的行政程序立法未能在明确的法律原则的指导下进行，从而导致行政程序往往逃不出服务于强化国家行政管理目的的窠臼，缺乏对行政相对人程序性权利之应有的尊重与保障。

2. 我国缺乏统一的行政程序法立法规划，立法内容散乱，不成体系，加之，各行政部门往往从部门利益出发，对众多且各不相同的行政行为，自然就有许多套行政程序，从而导致不同部门法律之间，不同单行法律之间的冲突和矛盾，严重削弱了行政程序的控制、约束作用，造成了行政活动的混乱和无序。

3. 就我国《行政处罚法》与《行政许可法》所规定的保障行政相对人抗辩权的听证程序制度而言，还十分的不够健全。举其要者有：①行政程序抗辩权的主体没统一，《行政处罚法》所规定的行政程序抗辩权的主体仅指直接行政相对人，而《行政许可法》所规定的行政程序抗辩权的主体包括直接行政相对人与间接行政相对人（利害关系人）；②行政程序抗辩的范围有待改善，虽然两部法律对正式行政程序抗辩的范围有所规定，但还不太明确，而且对于限制人身自由的行政处罚没有规定可以抗辩，也没有类似于有些西方国家规定的排除抗辩的特殊范围；对非正式行政程序抗辩的范围更加没有明确提及；③无明确的行政程序抗辩权分类，虽然两部法律都规定了类似于西方发达国家的正式行政程序抗辩权，但对于非正式行政程序抗辩权没有指明，我们只能通过推导认为陈述、申辩制度中申辩权与质证权是非正式行政程序抗辩权的具体表现；④正式抗辩笔录的效力没统一，《行政处罚法》规定行政决定可以不依照听证笔录作出，而《行政许可法》则规定行政机关应当依据听证笔录，作出行政许可决定。此外，行政听证程序中保障行政程序抗辩权的一些具体制度严重缺乏详细说明，致使具体制度对行政程序抗辩权的保障缺乏具体的可操作性。如抗辩之前的告知制度、抗辩之中的听取抗辩制度以及抗辩之后的说明理由制度等均无详细规定。

三、我国行政程序抗辩权之内在制度建构

基于上述国外行政程序抗辩权保障制度的有益的启示与国内行政程序抗辩权保障制度的缺憾，构建我国行政程序抗辩权保障制度，应早日制定一部统一的行政程序法典，来实现行政程序法的法典化。由于行政程序法的法典化是指立法机关系统

整理现有行政程序法规范，调查和总结行政程序的现状和经验，比较和借鉴其他国家和地区的行政程序法，在此基础上将各个行政领域的程序法规范集中于一个法律文件的立法活动，[1]因而能更好地保障行政相对人程序抗辩权。为了有效维护行政相对人程序抗辩权，笔者以为，首先应当以行政正当原则作为我国行政程序法的基本原则。该原则是从各国行政程序法所普遍奉行的“正当程序原则”及相关原则中概括提炼而成的一项行政程序法基本原则，它要求行政裁量在行政程序方面必须符合现代法治国家所要求的“程序正义”观念，即必须符合最低限度的程序公正标准，具体包括避免偏私、公平听证和行政公开三项内容。[2]然后在行政正当原则的统领下，设专章构建有效保障行政程序抗辩权的行政听证制度或听证程序，申言之，保障行政程序抗辩权的制度，我们可以从内在的与外在的两个层面进行构建。此处，笔者就我国行政程序抗辩权之内在制度建构作些探讨。行政程序抗辩权的内在制度建构，指行政程序抗辩权自身作为一个自足的有机系统所应当包含的内在因素，诸如行政程序抗辩权的主体、客体、类型、范围、内容、效力以及形式等。由于行政程序抗辩权的主体、客体、类型在本文的第一章已有阐述，在此，仅对行政程序抗辩权的范围、内容、效力以及形式予以一定的分析。

（一）行政程序抗辩权的范围

如前面所述，虽然我国在具体行政执法程序领域对行政程序抗辩权的范围有所规定，但还存在诸多不足。据此，我们可

---

〔1〕 参见应松年主编：《行政程序法立法研究》，中国法制出版社2001年版，第199页。

〔2〕 参见周佑勇：“论行政裁量的利益沟通方式”，载《法律科学》2008年第3期。

以从下述几个方面予以设想：

1. 必须澄清现有的法律对行政程序抗辩权范围的规定。如《行政处罚法》第 42 条规定：对行政机关做出责令停产停业、吊销许可证或执照、较大数额罚款等行政处罚决定前，当事人有要求听证或抗辩的权利。本条规定至少有两个问题必须明确：一是其中的“等”字如何理解，是立法对行政相对人有权要求抗辩的行政处罚种类不穷尽列举，待日后立法条件成熟再扩大行政处罚的抗辩范围，还是行政主体可根据实际情况对法律没有明文规定可行使抗辩的行政处罚举行听证？我们主张后一种理解。二是“较大数额罚款”中的较大数额大到多少方为“较大”，才达到抗辩的要求？实践中各行政处罚听证程序规定并不一致，严重违背了法治统一的要求，因此，立法必须明确。《治安管理处罚法》第 98 条的规定来确定“较大数额罚款”的界限，此条规定“公安机关作出吊销许可证以及作出 2000 元以上罚款的治安管理处罚决定前，应当告知违反治安管理行为人有权要求举行听证……”其中“2000 元以上罚款”可用来说明“较大数额罚款”的界限。再如《上海市行政处罚听证程序试行规定》第 2 条规定，对非经营活动中的违法行为处 1000 元以上，对经营活动的违法行为处以 3 万元以上罚款，当事人有权要求听证；《北京市行政处罚听证实施办法》第 2 条规定，对公民处以超过 1000 元的罚款，对法人或其他组织处以超过 3 万元的罚款，当事人有权要求听证等中的罚款数额可用来确定“较大数额罚款”的参照。《行政处罚法》第 42 条是针对正式行政程序抗辩权适用范围的规定，对于非正式行政程序抗辩权适用范围，《行政处罚法》也相当含糊，譬如，《行政处罚法》第 31 条规定：“行政机关在作出行政处罚决定之前，应当告知当事人作出行政处罚决定的事实、理由及依据，并告知当事人依法享

有的权利。”第32条规定：“当事人有权进行陈述和申辩。行政机关必须充分听取当事人的意见，对当事人提出的事实、理由和证据，应当进行复核；当事人提出的事实、理由或者证据成立的，行政机关应当采纳。行政机关不得因当事人申辩而加重处罚。”可以说属于非正式行政程序抗辩权适用的范围，但应该说明是作出轻微行政处罚之前才适用非正式行政程序抗辩权，主要指一些较轻的处罚如警告、小额罚款等，即行政主体拟作出的处罚决定对相对人合法利益将产生的影响较小，如《行政处罚法》第33条规定的行政处罚简易程序：“违法事实确凿并有法定依据，对公民处以50元以下、对法人或者其他组织处以1000元以下罚款或者警告的行政处罚的，可以当场作出行政处罚决定……”如果是作出严重的行政处罚，则只能适用正式行政程序抗辩权。

2. 必须拓展行政程序抗辩权适用的范围。我国行政处罚领域的抗辩基本上停留在对财产权的行政处罚上，但即使对财产权的行政处罚，抗辩权也应扩展没收违法所得、没收非法财物等行政处罚，因为这些处罚有时对被处罚人造成的影响丝毫不亚于较大数额罚款。引人关注的是，对限制人身自由权的行政处罚应该赋予相对人抗辩权，但《行政处罚法》42条2款规定，当事人对限制人身自由的行政处罚有异议的，依照《治安管理处罚条例》（现为《治安管理处罚法》）执行。而遗憾的是我国现行的《治安管理处罚法》作为一项特别法，对限制人身自由的人身处罚并未规定相对人有抗辩权。如《治安管理处罚法》第98条规定：“公安机关作出吊销许可证以及处2000元以上罚款的治安管理处罚决定前，应当告知违反治安管理行为人有权要求举行听证；违反治安管理行为人要求听证的，公安机关应当及时依法举行听证。”显然，对较大数额罚款这样的财产罚都可以适用抗辩而对行政拘留、劳动教养等限制人身自由的行政处罚却没有给予抗辩的机会，这不符合“最低限度的公正”的要求，无论从立法目的上还是法理角度上来说都是行不通的，因此，立法应该增加对限制人身自由权的行政处罚必须赋予相对人抗辩权。

上述只是对我国行政处罚听证程序中抗辩权适用范围的反思与重构，但现代民主与法治的发展，在具体行政管理领域，对行政相对人合法权益可能造成影响和侵犯的，并不仅仅限于行政处罚，还包括行政许可、行政确认、行政裁决、行政征收、行政强制执行等。为此，应当逐步扩大行政程序抗辩权的适用范围，尽快通过行政程序立法将其他可能影响公民、法人合法权益的具体行政行为纳入行政听证程序。关于行政程序抗辩权的适用范围，大陆法系一般根据行政行为的种类来确定，如做出负担行政决定或不利益行政决定之前，相对人享有抗辩权，而英美法一般从行政主体影响的相对人的权利角度来确定，如行政相对人的权利受行政机关不利影响时享有抗辩权，当然它们的实质是异曲同工。在当代法治社会，作为总体上的行政程序抗辩权（不仅仅是行政处罚领域的抗辩权）所适用的范围应该较为广泛，在具体行政管理领域，可能受到行政权影响的权利主要是：①人身自由权；②财产权；③社会经济权利，即就业权，劳动权，休息权，获得社会救济、社会保障、社会补助的权利以及受抚恤的权利等；④社会文化权利，即受教育权，升学权，从事科学、文学、艺术创作及其他文化活动的权利等。[1]因此，从相对人抗辩所维护的实体权利来看，对上述几类权利，立法应该将其纳入行政程序抗辩权所适用的范围。

〔1〕参见王克稳：“略论行政听证”，载《中国法学》1996年第5期。

3. 必须规定适用行政程序抗辩权的例外情形。我国法律在具体行政执法领域几乎没规定行政程序抗辩权适用的例外情形，而大陆法系和英美法系国家通过法律规定或判例确认了听证或抗辩的排除事项，虽然不尽相同，但综合归纳则主要涉及以下几方面：①对当事人有利以及对当事人权益影响较小而无听证必要的；②紧急情况；③涉及国家安全的决定；④可以通过计算、实验等方法解决事实争议的；⑤涉及人数众多或做出大量的、同类行政行为的；⑥行政执行行为；⑦其他法律文书已确定的事实；⑧行政机关内部的事项。当然，无论是通过立法还是判例，确定应该适用听证或抗辩的范围还是排除适用听证或抗辩的范围都必须遵循一定的原则，即个人利益与公共利益均衡原则和成本不大于效益原则，前者以解决适用听证程序时个人利益与公共利益的冲突为目的，后者以降低听证或抗辩成本，提高听证或抗辩效益为目的。[1]根据上述原则，我国学者对我国的排除行政听证的适用范围进行了富有成效的探讨。如有学者认为，我国的听证程序应该至少具备以下排除性条件：①因为不可抗力（战争、暴乱、动乱、自然灾害等）造成行政机关无法正常履行职责的；②进入听证程序之前当事人死亡或者解散的；③行政机关特殊情况下采取的紧急处罚行为。[2]还有学者指出不适用听证程序的事项主要有以下几类：①完全可以通过测量、计算而得出结论的事项；②警告、微小数额罚款行政处罚案件；③国防、外交、即时强制立刻做出决定等事项在性

〔1〕参见马怀德："论听证程序的适用范围"，载《中外法学》1998年第2期。

〔2〕参见杨惠基主编：《听证程序理论与实务》，上海人民出版社1997年版，第59～61页.

质上不适合适用听证程序。[1]上述排除适用听证程序的范围，基本上是针对正式行政程序抗辩权的，对于警告、微小数额罚款等对行政相对人权益影响较小的，应该适应非正式行政程序抗辩权，不能排除。参照国际经验并依据立法的一般精神或原则以及上述学者的看法，笔者认为，下列情形不适用任何形式的抗辩（正式行政程序抗辩与非正式行政程序抗辩）：①不可抗力或紧急情况；②涉及国家安全或机密、外交的决定；③可以通过计算、实验等方法解决事实争议的；④行政机关内部处理的事项；⑤其他法律文书已确定的事实，如强制执行法院已生效的裁定或判决。

（二）行政程序抗辩权的内容

行政程序抗辩权的内容包括辩解权、质证权以及反驳权。关于行政程序辩解权，有的学者认为："行政辩解权，是指行政相对人为维护自己的合法权益，针对行政主体的行政行为所享有的在法律允许的范围内进行申辩和解释的权利"[2]。首先，这一概念是广义上的行政程序辩解权，可适用于行政立法程序、行政执法程序以及行政司法程序中，而本文所阐述的行政程序辩解权是狭义上的，仅涉足行政执法程序领域。其次，此概念还有失准确性：一是辩解的客体并非所有的行政行为，法律一般仅规定行政相对人有权针对行政主体拟作出的不利行政行为或行政决定予以辩解；二是辩解的时间应当在行政主体作出不利行政行为或行政决定之前。因此，我们认为，行政程序辩解权是指在行政程序中行政相对人为维护自己的合法或正当权益，

〔1〕参见刘勉义、蒋勇：《行政听证程序研究与适用》，警官教育出版社 1997 年版，第 261 页。

〔2〕张弘、侯琦："行政辩解权与行政行为的不可争辩力之关系"，载《辽宁大学学报》2008 年第 6 期。

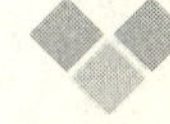

针对行政主体在作出具体行政决定之前所提出的不利指控，在法律允许的范围内进行申辩和解释的权利。此处的“申辩权”仅指狭义意义上的，因为广义的申辩权其实是指抗辩权。行政程序辩解权行使的具体方式是相对人通过举出对自己有利的事实证据或提出对自己有利的法律依据证明自己的主张是合法或正当的，从而维护自身应有的权益。如在侵益行政程序中，相对人的主张是自己的现有利益不应当受侵犯，在授益行政程序中，相对人的主张是自己应增加的利益不应当受侵犯。

行政程序质证权乃行政程序抗辩权的核心，“质证”最初是诉讼法中的一个重要概念，如有的诉讼法学者认为，“质证是指在审判人员的主持下，由当事人就其举证和法院依职权取证而获得的证据通过出示、辨认、询问等质证方式证明证据效力的一种诉讼制度”[1]。还有诉讼法学者对质证的概念作了广义和狭义的区分，认为：“从广义上讲，质证是指在诉讼过程中，由法律允许的质证主体对包括当事人提供的证据在内的各种证据采取询问、辨认、质疑、说明、解释、咨询、辩驳等形式，从而对法官内心确信形成特定说明力的一种诉讼活动。狭义的质证是指在庭审过程中，由诉讼当事人就质证所提供的证据进行对质、核实等活动。”[2]后来由于行政法的发展以及行政裁量权的存在与广泛扩张，人们开始了对诉讼领域的质证概念移植于行政领域的伟大壮举，譬如，美国的《联邦行政程序法》第556条第4款规定，当事人有权以口头的或书面的形式提出证据，进行辩护，也有权提出反证，并可为了弄清全部事实真相进行质证。在戈德伯格诉凯利案件中，美国最高法院认为：“在重要

〔1〕 高洪宾、钱建军：“民事诉讼质证及其效果保障”，载《人民司法》1998年第3期。

〔2〕 何家弘主编：《新编证据法学》，法律出版社2000年版，第390页。

的行政决定取决于事实问题的情况下，正当法律程序要求对当事人提供机会，以对抗和盘问对方证人。行政机关如果不合理地当事人的质证权，则构成程序上的违法。”[1]我国的《行政处罚法》及《行政许可法》等重要的单行法律都规定了相对人的行政程序质证权。根据上述诉讼法学者对质证概念的界定，我们认为，在行政法领域，行政程序质证权是指在行政程序中，行政相对人针对行政主体拟作出不利决定所提供的证据通过辨认、质疑及询问等方式证明证据效力的权利。显然，行政程序质证权证最核心的内容是对行政主体所提供的证据产生质疑进而进行询问证人，以检验证据的客观性、相关性及合法性。

此外，行政程序反驳权，指在行政程序中，行政相对人针对行政主体拟作出不利决定所提供的依据予以驳斥的权利。由于行政主体所提供的依据包括事实依据与法律依据，如此，则行政程序反驳权又具体划分为对事实依据的反驳与对法律依据的反驳两种情形。前者指行政相对人通过提出新的证据证明行政主体所提供的证据是违法的或是无效的；后者指行政相对人通过提出新的法律依据证明行政主体所提供的法律依据是违法的或是无效的。我国现行法对行政程序抗辩权的内容的规定还有待完善，因为只有若干单行法规定了申辩权与质证权，且对这两种权利无展开说明，至于反驳权更只字未谈，因此，未来统一的行政程序法典应对此有一定的关注。

（三）行政程序抗辩权的效力

抗辩必须发挥效力，否则毫无意义。行政程序抗辩权的效力主要体现在行政主体必须按抗辩笔录作出决定、合法或正当的抗辩行政主体应该采纳、行政主体对抗辩不能加重处罚等方面。

[1] 杨惠基：《听证程序概论》，上海大学出版社1998年版，第167页。

1. 行政主体必须按抗辩笔录作出决定，这是正式行政程序抗辩权的效力。正式行政听证笔录，是指由听证主持人或记录人代表行政机关在听证过程中对整个听证活动所作的客观记载，是确定行政机关是否听取行政相对人的陈述与申辩的凭据，是行政过程正当化的证明。因此，听证笔录的法律效力，即行政决定根据听证笔录作出，是行政听证程序正当化的本质要求，也是听证笔录的命脉与是听证制度中的核心问题。[1]国外大多数国家对听证笔录的效力都有法律规定，如美国正当法律程序强调的“案卷排他性原则”就是对听证笔录的效力的最好注脚，因为它要求行政主体经正式听证程序作出的裁决仅能以案卷作为根据，案卷之外的、行政相对人所未获知的以及未经听证或抗辩的事实不能作为裁决依据。日本《行政程序法》第25条规定，行政主体不得根据听证调查记录以外的事实作出决定，即使在听证之后又收集到了新的证据，也不能作为本次决定的依据，而只能构成再次举行调整的理由。我国《行政处罚法》没有规定行政决定必须依听证笔录作出，这是现代法治的一个严重缺憾，令人欣慰的是，2003年我国出台的《行政许可法》对许可听证笔录的效力作了明确的法律规定。如《行政许可法》第48条第2款规定：“行政机关应当根据听证笔录，作出行政许可决定。”但法治行政的今天，行政许可法关于听证笔录法律效力的规定必须尽快在其他具体行政行为的正式听证程序中加以确立，因为“如果行政机关的裁决不以案卷为根据，则听证程序只是一种欺骗行为，毫无实际意义”[2]。“在依法举行的听证中，行政法庭作出裁决时，不得考虑审讯记录以外的任何材料……若不遵守这一原则，受审讯的权利就毫无价

---

〔1〕 参见桂步祥：“行政裁量的正义——一个听证程序的视角分析”，载《金陵法律评论》2006年第2期。

〔2〕 王名扬：《美国行政法》（上册），中国法制出版社1995年版，第493页。

值了。"[1] "如果行政机关可以依据未在审讯中出示的材料作裁决，那么厚厚的案卷就成了掩盖真相的假面具，秘密的证据或几分钟的秘密会议就可以推翻长时间的审判。"[2]故而，在我国，正式行政程序抗辩权的效力必然要求行政主体采用正式听证程序作出决定时，只能以听证程序中形成的案卷所认定的事实、证据为根据，不能采用案卷外的未经行政相对人在听证程序中申辩和质证的事实、证据为根据。[3]

2. 行政主体对于合法或正当的抗辩应当采纳、对抗辩不得加重处罚，这是正式行政程序抗辩权与非正式行政程序抗辩权共享的效力。对此，我国《行政处罚法》第 32 条规定："当事人有权进行陈述和申辩。行政机关必须充分听取当事人的意见，对当事人提出的事实、理由和证据，应当进行复核；当事人提出的事实、理由或者证据成立的，行政机关应当采纳。行政机关不得因当事人申辩而加重处罚。"行政主体对于合法或正当的抗辩应当采纳，这是法治行政的最低限度要求，无须多作解释，问题是行政主体对抗辩不得加重处罚，立法没作进一步的规定，致使在行政实践中侵犯相对人权利的情形屡屡发生。笔者认为，立法应当明确说明两个问题：一是行政主体对抗辩不得加重处罚，应该包含对非法或不正当的抗辩也不得加重处罚，这是因为行政处罚是针对行政违法行为而采取的，不管行政相对人的申辩是违法还是不正当，对行政违法事实并不影响。如果行政相对人的抗辩行为确实构成妨碍公务或人身攻击，也只能按其

〔1〕［美］伯纳德·施瓦茨著，徐炳译：《行政法》，群众出版社 1986 年版，第 303 页。

〔2〕［美］伯纳德·施瓦茨著，徐炳译：《行政法》，群众出版社 1986 年版，第 309 页。

〔3〕参见谢生华："论行政处罚中当事人的申辩权——对行政处罚听证程序的几点思考"，载《甘肃政法学院学报》2003 年第 10 期。

他有关法律规定另案处理，而不能成为加重处罚的理由。[1]二是立法必须规定不同种类的行政处罚的轻重，以便正确适用“不加重处罚”的规定，因为行政实践中因行政相对人抗辩而将罚款3000元改为拘留15天或收容教育6个月诸如此类的做法乃是由于现行法并未规定不同种类的行政处罚的轻重。[2]

此外，关于行政程序抗辩权的形式，一般体现为口头形式与书面形式两种情形，其中正式行政程序抗辩权通常以口头形式进行，以凸现行政的公正性；非正式行政程序抗辩权既可以适用口头形式，也可以适用书面形式，但以适用书面形式为主，以提高行政的效率性，例如，在日本，辨明以辨明书进行，行政厅准许口头进行的场合除外。[3]但如果行政相对人采用口头抗辩的，行政案件经办人应制作笔录，由行政相对人查阅无误后签名或盖章。我国现行法对行政程序抗辩的形式没有明确规定，建议未来统一的行政程序法典对此予以明确化。

四、我国行政程序抗辩权之外在制度保障

行政程序抗辩权的外在制度保障，指行政程序抗辩权的保障与其他制度之间的关系，如行政告知制度、公正的行政主体听取抗辩制度以及行政说明理由制度等。我们认为，行政告知制度是行政程序抗辩权的事前保障；公正的行政主体听取抗辩制度是行政程序抗辩权的事中保障；行政说明理由制度是行政程序抗辩权的事后保障。

---

〔1〕 参见苏元华、原永红：“行政处罚申辩权三题”，载《山东法学》1997年第3期。

〔2〕 参见谭元满：“论行政相对人的程序权利”，湘潭大学2003年硕士学位论文。

〔3〕 参见朱芒：“行政程序中正当化装置的基本构成——关于日本行政程序法中意见陈述程序的考察”，载《比较法研究》2007年第1期。

（一）行政告知制度：行政程序抗辩权的事前保障

行政告知制度是公开原则在行政程序中的必然要求，“阳光是最好的防腐剂，电光是最好的警察”[1]。“如果一个政府是真正的民有、民治、民享的政府的话，人们必须能够详细地知道政府的活动。没有任何东西比秘密更能损害民主，公众没有了解情况，所谓自治、所谓公民最大限度地参与国家事务都只是一句空话。如果我们不知道我们怎样受管理，我们又怎么能够管理自己呢”[2]。学者汤德宗认为，台湾“行政程序法”上的告知包括三种：第一种指为了使程序权利人及时采取程序行为、行使程序权利（例如“陈述意见”），名曰：“预告”（prior/advanced notice）。第二种指行政机关作成终局行政决定后，将决定之内容告知程序当事人与利害关系人，使其知悉并生效，名曰：“决定告知。”第三种指在终局行政决定中一并喻知当事人不服该决定时，所得利用之救济方法、期间及其受理机关，协助其维护权益，名曰“救济途径之教示”[3]。本文特指第一种或行政事前告知，指行政主体作出影响行政相对人合法权益的具体行政决定之前，应当告知行政相对人拟作出的行政决定的事实、理由及依据，并通过法定的方式告知行政相对人依法享有抗辩的时间、场所等的制度。

行政告知制度对于行政程序抗辩权而言，可谓是水与鱼的关系，密不可分。我国学者章剑生认为：“抗辩权是以获得通知权利为前提的。获得通知权利的实现可以使行政相对人了解行

[1] [美] 伯纳德·施瓦茨著，徐炳译：《行政法》，群众出版社1983年版，第39页。

[2] 王名扬：《美国行政法》（下册），中国法制出版社1995年版，第959～960页。

[3] 参见汤德宗：《行政程序法论》，元照出版公司2000年版，第82～83页。

政主体对其作出不利决定的依据，从而使行政相对人可以找到反驳的目标。如果行政主体没有将作出不利决定的依据通知给行政相对人，行政相对人的抗辩权就会因此而丧失抗辩对象。"[1]英国的丹宁勋爵曾言："如果被听取意见的权利要成为有价值的真正的权利，它必须包括让被控诉人了解针对他而提出的案情的权利。他必须知道提出了什么证据，有些什么损害他的说法；然后他必须得到纠正或驳斥这些说法的公平机会。"[2]日本学者芝池义一也赞同获得行政主体的事前告知对于行政相对人有效地行使抗辩权具有重要法律意义，他认为，在听证程序的开始部分设置事前通知的环节，其价值在于行政厅通过履行该项程序现定可以告知行政处分的当事人听证程序的内容，使当事人以及其他程序参加人在听证期日能够有效地陈述意见、提交证据以及进行其他相应的活动。[3]

正因为行政告知制度对行政相对人抗辩权的有效行使至关重要，各国法律都有所规定，如美国《联邦行政程序法》第554条规定，行政听证告知采用书面形式，在听证通知书中包括三方面的内容：①听证的时间、地点和性质；②举行听证的法律依据与管辖权；③听证所要涉及的事实和法律问题。日本《行政程序法》第15条规定，行政主体所作的书面告知至少应包含四个方面的内容：①拟作出的不利益处分的内容以及作为依据的法令条款；②构成不利益处分原因的事实；③听证的期日以及地点；④主管听证事项的组织名称和地址。我国《行政处罚法》第31条规定，

---

〔1〕 章剑生："论行政相对人在行政程序中的参与权"，载胡建淼主编：《公法研究》，商务印书馆2004年版。

〔2〕［英］韦德著，徐炳等译：《行政法》，中国大百科全书出版社1997年版，第181页。

〔3〕 转引自朱芒："行政程序中正当化装置的基本构成——关于日本行政程序法中意见陈述程序的考察"，载《比较法研究》2007年第1期。

"行政机关在作出行政处罚决定之前，应当告知当事人作出行政处罚决定的事实、理由及依据，并告知当事人依法享有的权利。"第42条规定："行政机关作出责令停产停业、吊销许可证或者执照、较大数额罚款等行政处罚决定之前，应当告知当事人有要求举行听证的权利……行政机关应当在听证的7日前，通知当事人举行听证的时间、地点……"《行政许可法》第30条规定了行政许可的事前告知的内容，"行政机关应当将法律、法规、规章规定的有关行政许可的事项、依据、条件、数量、程序、期限以及需要提交的全部材料的目录和申请书示范文本等在办公场所公示。申请人要求行政机关对公示内容予以说明、解释的，行政机关应当说明、解释，提供准确、可靠的信息。"第48条第1款第1项规定了行政许可的事前告知的时间，"行政机应当于举行听证的7日前将举行听证的时间、地点通知申请人、利害关系人，必要时予以公告"。

显然，我国的行政告知制度对保障行政程序抗辩权已具有了一个初步的框架，对告知的内容和方式都有了相应规定，但同西方发达国家相比还存在一定的差距，一是告知义务的范围不广，主要在《行政处罚法》和《行政许可法》中有所规定，而其他单行法中的相关规定非常少；二是告知的内容与方式还不够明确和完善。如在内容方面，行政处罚法对正式行政听证虽然规定了行政机关应当在听证前7日通知行政相对人举行听证的时间、地点，但却没规定行政机关告知拟作出决定的事实依据、法律依据等，从而使行政相对人的有效抗辩大打折扣。在方式方面，行政处罚法没作明确规定，行政许可法仅规定了公告方式。因此，我们应在统一的行政程序法中主要从告知内容与告知方式两个方面完善行政告知制度。

行政告知的内容主要涉及行政相对人权利（尤其是抗辩

权)、拟作出的行政决定的依据及听证或抗辩的时间与地点等。对于行政相对人权利的告知现行法律都有合理的规定，但对于拟作出的行政决定的依据的告知，《行政处罚法》只针对非正式行政听证或抗辩，而对正式行政听证或抗辩没有明确说明。《行政许可法》弥补了此缺陷，但应该普遍适用于其他具体行政行为。而且这里的“依据”应该包含事实依据、法律依据和裁量依据。“为了确保行政相对人有效地行使申辩权，行政主体应当将拟作出行政决定的依据告知行政相对人。行政决定的依据包括事实依据、法律依据和裁量依据”[1]。关于听证或抗辩的时间与地点的告知，《行政处罚法》与《行政许可法》都明确规定行政机应当在听证或抗辩的 7 日前通知当事人举行听证的时间与地点。但首先，对于“在听证或抗辩的七日前通知”是否可行，值得慎重考虑，因为时间太仓促有碍于行政相对人积极准备抗辩所必须的时间，这就要求行政主体应当“公开指控内容及对方理由必须在合理时间完成，以便让利害关系人准备他的辩护状或评议。他必须公正地获知对他的任何指控，这通常包括在公平审讯权之内，称为‘通知与受理’权”[2]。据此，日本学者指出，听证或抗辩期日不能由行政主体单方面作出决定，其中也应该反映出行政相对人的意愿。[3]其次，对于听证或抗辩的地点应当有明确合理的规定。行政相对人参与听证或抗辩的场所包括行政主体机构、行政行为发生地以及行政主体指定地点，但一般而言，行政相对人在行政行为发生地参与抗辩要

---

〔1〕 章剑生：“论行政程序法上的行政公开原则”，载《浙江大学学报（人文社会科学版）》2000 年第 6 期。

〔2〕 [英] 韦德著，徐炳等译：《行政法》，中国大百科全书出版社 1997 年版，第 184 页。

〔3〕 转引自朱芒：“行政程序中正当化装置的基本构成——关于日本行政程序法中意见陈述程序的考察”，载《比较法研究》2007 年第 1 期。

比在行政主体机构所在地参与抗辩更加有利。“这是因为一者能减轻行政相对人的心理压力；二者由于行政相对人对地理环境熟悉，更有利于全面提供翔实的材料等”〔1〕。

行政告知的方式，简单地说，指行政主体采用何种形式将告知内容送达行政相对人。告知方式一般分为口头告知与书面告知两种，按照美国与日本的法律规定，行政听证或抗辩的告知应采用书面形式；我国《行政处罚法》没做明确规定，《行政许可法》规定了书面公示的方式，但书面告知方式应当适用于其他具体行政行为，“这是因为书面形式具有一定的客观性，如因通知行为而发生争议，确定行政主体和行政相对人之间的法律责任比较容易”〔2〕。书面告知必然涉及送达方式，一般来说送达方式有直接送达与间接送达两种情形，后者又分为邮寄送达、公告送达等情形。当然直接送达是最佳方式，对此，我国《行政处罚法》没做明确规定，《行政许可法》只规定了公告送达的方式，我们认为，行政告知原则上应当采用直接送达的方式，除非直接送达不能达到告知行政相对人的目的，方可以采用其他告知方式。

（二）公正的行政主体听取抗辩制度：行政程序抗辩权的事中保障

在行政程序抗辩权行使的过程中，行政主体应当积极听取行政相对人的抗辩意见，否则，抗辩权将得不到应有的保障。“对当事人及参加人的提问权的保障，同时意味着当事人或参加人拥有要求行政厅的职员出席听证，回答提问的请求权。换而

〔1〕张晓光：“行政相对人在行政程序中的参与权”，载《行政法学研究》2000年第3期。

〔2〕章剑生：“论行政相对人在行政程序中的参与权”，载胡建淼主编：《公法研究》，商务印书馆2004年版。

言之，行政厅方面负有使其职员出席听证的义务。因为如果承担调查的职员等相关的人员不出席听证，则提问权就没有任何实际的意义"[1]。因此，行政主体进行具体的行政行为涉及行政相对人合法利益时，为了保证其行为的公正性与客观性，应当听取行政相对人的抗辩意见。而且听取抗辩意见不能只作原则性规定，因为实践证明这常常被流于形式，所以，应当为行政相对人提供辩论甚至质证的机会，在辩论的同时，行政主体应当认真听取并作出适当的回应并说明不采纳抗辩意见的理由。[2]世界各国的听证制度中都规定了在行政相对人行使抗辩权时，行政主体应当听取其抗辩意见，我国也不例外。但尤为重要的是，听取抗辩意见的行政主体必须是公正的，即行政相对人在其合法权益受到行政决定不利影响时，不仅有权为自己辩护，而且有权要求他的意见必须由一个没有偏私的行政主体听取。一个行政决定不应当由一个与该决定有利害关系的行政主体作出，这是自然公正原则对行政程序的必然要求。[3]"任何人不得在与自己有关的案件中担任法官"意味着："结果中不应含纠纷解决者个人利益"，"纠纷解决者不应有支持或反对某一方的偏见"，[4]否则行政程序抗辩权的有效保障也只能成为空谈。

在具体行政执法领域，保障公正的行政主体听取抗辩，无

---

〔1〕 转引自朱芒："行政程序中正当化装置的基本构成——关于日本行政程序法中意见陈述程序的考察"，载《比较法研究》2007年第1期。

〔2〕 参见孙笑侠："法律程序设计的若干法理——怎样给行政行为设计正当的程序"，载《政治与法律》1998年第4期。

〔3〕 参见王名扬：《英国行政法》，中国政法大学出版社1997年版，第154页。

〔4〕 [美] 戈尔丁著，齐海滨译：《法律哲学》，生活·读书·新知三联书店1987年版，第240页。

疑，必须建立有效的行政回避制度。回避制度起源于人类应得到公平对待的自然本性，该制度最早产生于司法程序中，指“法官在某个案件中拒绝行使审判权的一种特权和义务。由于法官与某一方当事人存在亲属关系或因案件的结果可能产生与其有关的金钱或其他利益，他可能被怀疑带有某种偏见，因而不参加该案的审理。”〔1〕近代行政程序法的发展，借用诉讼法上的回避制度而建立了行政程序法上的回避制度。回避的事由主要包括“偏私”和“利害关系”两种情形，对于前者，美国行政学者 K. C. 戴维斯曾经指出程序活动中的偏私可能有三种情形：①对法律和政策理解上的某种偏好；②对特定情况下事实认定的偏好；③对特定当事人的偏爱。〔2〕后者指“案件处理的结果会影响到负责处理案件的行政机关工作人员的金钱、名誉、友情、亲情等增加或减损。”〔3〕

关于行政回避，我国的一些重要单行法有所规定，如《行政处罚法》第 37 条第 3 款规定：“执法人员与当事人有直接利害关系的，应当回避。”第 42 条第 1 款第 4 项规定：“听证由行政机关指定的非本案调查人员主持；当事人认为主持人与本案有直接利害关系的，有权申请回避。”《行政许可法》第 48 条第 1 款第 3 项规定：“行政机关应当指定审查该行政许可申请的工作人员以外的人员为听证主持人，申请人、利害关系人认为主持人与该行政许可事项有直接利害关系的，有权申请回避。”但同西方发达国家的行政回避制度相比，还有诸多不足，比如回

〔1〕［英］戴维·M. 沃克著，北京社会与科技发展研究所组织翻译：《牛津法律大辞典》，光明日报出版社 1988 年版，第 247 页。

〔2〕转引自王锡锌：“行政过程中相对人程序性权利研究”，载《中国法学》2001 年第 4 期。

〔3〕姜明安主编：《行政法与行政诉讼法》，北京大学出版社、高等教育出版社 2007 年版，第 381 页。

避的人员范围不明确、回避的程序有所缺失以及违反回避制度的法律后果不明确等。对此，立法应当予以完善。关于行政机关工作人员回避的范围，应当体现在下述几方面：①当事人中有其亲属的；②与当事人的代理人有亲属关系的；③在与本案有关的程序中担任过证人、鉴定人的；④与当事人之间有监护关系的；⑤当事人为社团法人，行政机关工作人员作为其成员之一的；⑥与当事人有公开敌意或者亲密友谊的；⑦其他有充分证据可以证明行政机关工作人员不能公正处理案件的。[1]关于行政程序回避程序，许多国家行政程序法所确立了自行回避和申请回避两种情形。而我国在非正式行政程序抗辩中只规定了自行回避，如《行政处罚法》第 37 条第 3 款规定："执法人员与当事人有直接利害关系的，应当回避。"在正式行政程序抗辩中只规定了申请回避，如《行政处罚法》第 42 条第 1 款第 4 项规定："听证由行政机关指定的非本案调查人员主持；当事人认为主持人与本案有直接利害关系的，有权申请回避。"因此，立法必须在正式行政程序抗辩与非正式行政程序抗辩中都规定自行回避和申请回避，才能有效保障相对人的抗辩权。关于违反回避制度的法律后果，对违反回避制度的行政机关直接负责的主管人员和其他责任人员，行政处罚法规定了行政处分，但没有明确规定行政机关作出的行政处罚决定是否合法。我国行政诉讼法对违反法定程序的行政行为效力已经有明确的规定，我们认为违反回避制度应该属于违反法定程序的一种情形，因此，违反行政回避而实施的具体行政行为应为可撤销行为。

此外，为了保障行政主体公正地听取抗辩，还必须彰显与保障听证主持人在听证程序中的独立地位。听证主持人是整个

〔1〕 参见姜明安主编：《行政法与行政诉讼法》，北京大学出版社、高等教育出版社 2007 年版，第 382～383 页。

听证过程的实际掌控者，假设其他所有的程序设计都很合理，但如果听证主持人不能独立地组织整个听证过程，那么，其他的程序也就无法得以正常实施。所以，听证主持人的独立性对于确保公正听取相对人的抗辩不可或缺。听证主持人的独立地位的主要表征有：其一，在任用、工资、任职、晋升、奖惩、考核、罢免等方面不受所属机关的直接控制；其二，仅以执行听证职务为限而不得从事与听证不相容的工作；其三，应当拥有主持听证所必需的权力以及获得行使这些权力的相应保障；其四，他的意见或建议应当得到行政机关首长的充分尊重，除非有足够相反的证据并重新经过听证，不得随意推翻经听证确认的证据资料以及依据这些证据资料所作的建议或决定。[1]上述我国《行政处罚法》第42条的规定体现了“自然公正原则”，但是该法采取的只是行政机关内部职能分离，对听证主持人的具体的独立地位无明确规定。在实践中，我国目前还没有固定的行政听证主持人，当某个案件需要听证时，就由行政首长临时委托非本案调查人员的其他工作人员进行，其独立地位几乎荡然无存。从国外的相关实践来看，英国的听证主持人隶属于行政裁判所，但行政裁判所独立于普通法院与行政机关。美国作为听证主持人的行政法官产生于听证审查官一般从有律师资格和行政经验的人员中产生，专门从事听证工作，且有独立于行政机关的一系列制度保障，因而更有利于保证行政相对人的抗辩被公正听取。借鉴国外的先进经验，从我国各级政府中的法制机构工作人员、律师等中选任有经验的人员建立起一支相对独立的、稳定的听证主持人队伍是保障公正听取相对人抗辩的明智之举。听证主持人的编制可以属于所在的行政机关，但

〔1〕 参见王克稳：“略论行政听证”，载《中国法学》1996年第5期。

工资、考核、任免除外，而是归于统一的某个机构管辖，如此，则听证主持人的独立地位方能真正得以告成，从而使相对人的抗辩得以真正公正地听取。〔1〕

（三）行政说明理由制度：行政程序抗辩权的事后保障

行政说明理由指“行政主体在作出对相对人合法权益产生不利影响的行政行为时，除法律有特别规定外，必须向行政相对人说明其作出该行政行为的事实因素、法律依据以及进行自由裁量时所考虑的政策和公益等因素”〔2〕说明理由体现了行政决定过程与最终的行政决定的联系，即要求决定作出的行政主体在说明自己的推理过程中，必须认真对待行政程序中相对人的抗辩意见而不能以程序以外不存在的证据资料支持自己的结论。因而，行政说明理由制度也就必然成为行政程序抗辩权的事后保障。行政说明理由是对行政程序相对人抗辩意见所作出的积极回应，如对相对人提供的对自身有利证据是否采信与不采信的理由回应、对相对人对自己不利证据的驳斥是否认可与不认可的回应以及不认可的理由回应等，从而使相对人的行政程序抗辩权于听证程序结束后获得进一步的有力保障。诚如贝勒斯所言，说明理由在控制权力与保护权利的道路上发挥着不可替代的作用，从而被称为“第三条自然法原则”〔3〕。“行政决定附具理由，可防止行政之反民主及反法治，使行政得以自我审查，确保行政之合理及效率化，并达成满足权利保护及控制

〔1〕 参见桂步祥：“行政裁量的正义——一个听证程序的视角分析”，载《金陵法律评论》2006年第2期。

〔2〕 章剑生：“论行政行为说明理由”，载《法学研究》1998年第3期。

〔3〕 ［美］迈克尔·D. 贝勒斯著，邓海平译：《程序正义——向个人的分配》，高等教育出版社2005年版，第73页。

三大功能”[1]。行政说明理由要求行政主体作出行政决定时要充分考虑行政决定的事实依据和法律依据，迫使使其在作出决定的过程中充分考虑行政相对人的抗辩意见排斥恣意、专断或偏私等因素，从而使行政程序抗辩权得以有效保障。正因为行政说明理由对制约行政权的合法正当行使与有效保障行政相对人的权利有着不可或缺的价值，行政决定必须说明理由，已经成为现代法治国家公认的一项原则，而且各国逐渐确立了行政说明理由制度。美国《联邦行政程序法》第555条规定，美国《联邦行政程序法》第555条规定，所有不利决定都应迅速发出通知而且此通知中应附上对否决之理由的简要说明，除非维持原来的否决或否决的理由是不言自明的。德国《行政程序法》第39条规定，以书面作出或以书面确认之行政处分应以书面说明理由。官署应于理由中说明其决定所考虑之事实或法律上之主要理由。有关属于裁量决定之理由中，亦需说明其行使其裁量权的着眼点。日本《行政程序法》第8条规定，行政主体驳回许认可等请求之处分时，应同时对申请人明示该处分之理由。我国的行政说明理由制度已在《行政处罚法》、《行政许可法》、《个人独资企业法》、《中华人民共和国执业医师法》、《中华人民共和国合伙企业法》以及《中华人民共和国集会游行示威法》等许多单行法中有所规定，如《行政处罚法》第39条规定行政主体“应当制作行政处罚决定书”，应当载明“违反法律、法规或者规章的事实和证据”、“行政处罚的种类和依据”等。《行政许可法》第38条规定，行政主体依法作出不予行政许可的书面决定的，应当说明理由，并告知申请人享有依法申请行政复议或者提起行政诉讼的权利。

[1] 罗传贤：《行政程序法基础理论》，台湾五南图书出版公司1993年版，第19页。

显然，我国法律对说明理由的上述规定对于促使行政主体合法行政，保障行政相对人的抗辩权的作用不容忽视，但行政说明理由的规定在我国现行法制中还不充分，对于说明理由的情形、说明理由的方式、说明理由的内容以及不说明理由或说明理由错误的法律后果尚缺乏一般性的法律规定，从而抑制了该项制度对于保障行政程序抗辩权之重要意义的有效发挥。因此，首先，我们必须拓展行政说明理由制度在所有具体行政行为中的适用，而不仅仅适用于行政处罚或行政许可等行为中。其次，鉴于说明理由的情形与说明理由的方式，我国单行法已有较为明确的规定，这里笔者就说明理由的内容与不说明理由或说明理由错误的法律后果作一简要分析。关于说明理由的内容，我国学者章剑生教授有较为深入且富有成效的研究，他认为，“行政行为说明理由就内容而言，可以分为合法性理由和正当性理由。前者用于说明行政行为合法性的依据，如事实材料、法律规范；后者用于说明行政机关正当行使自由裁量权的依据，如政策形势、公共利益、惯例、公理等”〔1〕。但我国现行法只规定说明行政行为合法性的依据，这不能不说是一个缺憾，立法应当予以完善。关于说明理由瑕疵的法律后果，我国现行法无明确规定，日本行政程序法认为对于应当说明理由却没有说明的，构成了行政行为的可撤销事由，而德国和法国则不认为缺失说明理由就影响行政行为的效力，但行政主体必须补正。〔2〕在英国“行政机关说明的理由如果是错误的，并不一定引起行政决定无效，除非理由的错误可以表示法律的错误时，法院才

〔1〕 章剑生：《行政行为说明理由判解》，武汉大学出版社2000年版，第33页。

〔2〕 参见崔卓兰、季洪涛：《行政程序法原理》，法律出版社2007年版，第129~131页。

可以撤销行政机关的决定。"[1]借鉴国外有益经验，我国立法对说明理由瑕疵的法律后果的规定可参考如下设想：[2]

首先，对于应当说明理由却没有及时说明的，如果在行政相对人提起行政诉讼之前行政主体始终没有说明行政行为的理由，那么在行政复议或行政诉讼中复议机关或法院可以对此种行政行为作出撤销决定或判决；如果在行政相对人提起行政复议或行政诉讼之前，行政主体通过法定形式向行政相对人说明了行政行为理由，那么应当不影响行政行为在程序上的合法性。其次，对于说明理由错误的，如果行政主体就行政行为所作的说明理由经复议或诉讼审查是错误的，但在复议或诉讼过程中提出的证据和规范性文件（不能是在作出行政行为之后收集的）能支持行政行为的合法性的，则不应影响行政行为的效力；如果行政主体就行政行为所作的说明理由经复议或诉讼审查是错误的，而且在诉讼过程中提出的证据和规范性文件也不能支持行政行为合法性的，那么其行政决定自然不能产生法律效力。

〔1〕 王名扬：《英国行政法》，中国政法大学出版社1987年版，第164页。

〔2〕 参见章剑生："论行政行为说明理由"，载《法学研究》1998年第3期。

第五章　行政程序抗辩权之救济论

“有权利必有救济”这一古老而富有哲理的法谚乃现代行政法治的题中之义，因此，当法律所保障的行政程序抗辩权遭到行政主体的侵犯时，法律还应当给予其相应的救济，唯此，行政程序抗辩权才能真实存在与正常运行，从而实现其应有的价值。然而，由于“重实体，轻程序”思想的根深蒂固，理论界与实务界通常认为权利的救济主要指实体性权利的救济，对程序性权利的救济漠不关心，在理论上，研究成果较少，对行政程序抗辩权救济的研究更是问津者寥寥；在实践中，蔑视或侵犯行政程序抗辩权的情形屡见不鲜，似乎程序性权利的救济无关痛痒。故而，本章基于公力救济的视角（行政程序抗辩权还有私力救济，如行政程序抵抗权的救济），首先阐述了行政程序抗辩权救济的理论依据，即解决行政程序抗辩权为什么需要救济的问题，然后对行政程序抗辩权救济的主要方式与重要途径进行了一定的分析，即解决怎样对行政程序抗辩权予以有效救济的问题。

一、行政程序抗辩权救济的理论依据

对于违法侵犯行政程序抗辩权是否需要救济或需要行政主体承担法律责任的问题，实质是一个程序与实体的关系问题。如果程序附属于实体而存在，则程序违法的法律责任必须视实体是否违法而确定；否则，假使程序独立于实体而存在，则即使实体决定正确，行政主体也要承担程序违法的法律责任。[1]程序与实体的关系与程序价值理论密切相关，而程序价值理论具体划分为程序工具主义和程序本位主义两种情形。前者只认可程序服务于及从属于实体的工具价值，从而否定了程序救济的必要性；后者则坚称程序独立于实体的自身价值而无视其工具性价值，从而高度肯定了程序救济的必要性。显然这是两种极端的程序理论，真正的程序应当是溶工具性价值与自身性价值于一体的，而程序的自身性价值凸显了程序的独立性品格，从而使程序的救济成为必然。行政程序抗辩权作为程序中的一种重要或核心的程序性权利，理所当然也具有工具性价值与自身性价值，也具有独立性的品格，因而，对于行政主体违法侵犯行政程序抗辩权的行为必须予以相应的制裁，从而使行政程序抗辩权获得有效救济。

（一）程序工具主义对行政程序抗辩权救济的否定

程序工具主义主要为大陆法系学者所主张，认为程序的唯一价值在于工具性价值或外在性价值，所谓工具性价值，即某一事物乃实现某一外在目的的必要或充分的手段。[2]在程序与实体的关系中，程序不是作为自主和独立的事物而存在，它只是实现实体的“功利”工具，评价一种法律程序的好坏仅看它实现良好结果的有效性（good result efficacy）。程序工具主义学派的鼻祖当属英国功利主义哲学的创始人边沁，他将“大多数人的最大幸福”这一功利主义的原则应用于法律裁判的分析中，认为程序只是工具，其本身不具有任何独立的内在价值；程序法的唯一正当目的是“尽其所能地实现实体法”，“实体法的有

[1] 参见王万华：《行政程序法研究》，中国法制出版社2000年版，第242页。

[2] 参见陈瑞华：《刑事审判原理论》，北京大学出版社1997年版，第23页。

效性决定程序法的最终有效性"[1]。显然，边沁的功利主义程序理论高度张扬了法律程序保障实体法目标得以实现的工具性价值，这有一定的合理性，但是，这种理论的一个致命缺陷就是只认可法律程序的外在价值或工具性价值而对法律程序自身价值不屑一顾，因而离真理还相距甚远。程序工具主义的幽灵在现代法治社会中还时有闪现，譬如，"庞德的社会工程、法律程序与社会控制理论把法律程序看作只是限制恣意妄为、形成社会秩序、达到社会控制的手段；波斯纳的经济分析法学把法律程序看作只是保证法律运作过程'经济效益最大化'工具"[2]。在我国，由于"重实体、轻程序；重结果、轻过程"观念的长期影响，程序工具主义无论在理论界还是在实践中都有所体现。

由于程序工具主义仅认为程序是手段或工具，即作为实现实体的工具或手段而存在的，因而不存在独立的程序违法责任。展言之，如果实体认定准确或合法，目的即已达到，所作的实体决定不因程序违法而失去法律效力，行政决定作出者一般也不承担法律责任。[3]行政程序抗辩权作为一种程序权利，同样具有实现实体权利的工具性价值，但在程序工具主义看来，行政程序抗辩权仅具有工具性价值，没有自身独立的价值，因此，即使行政程序抗辩权遭到行政主体的违法侵犯也谈不上救济。显然，这是与现代民主与法治严重相悖的。

（二）程序本位主义对行政程序抗辩权救济的肯定

程序本位主义的观念"是以发生、发达于英国法并为美国

---

〔1〕 See Gerald J. Postema, "The Principle of Utility and the Law of Procedure: Bentham's, Theory of Adjudication", *Georgia Law Review*, Vol. 11, 1393 (1977).

〔2〕 转引自周佑勇：《行政法基本原则研究》，武汉大学出版社2005年版，第242页。

〔3〕 参见王万华：《行政程序法研究》，中国法制出版社2000年版，第243页。

法所继承的‘正当程序’思想为背景而形成和展开的”，指程序通过自身的运作，使人们认可其特征，在程序被接受的过程中，程序自身的价值已经独立存在而不论程序最终能否达到预期的结果。[1]进而言之，在程序本位主义者看来，评价法律程序的价值标准不在于程序工具主义所主张的程序的价值只是实现实体法的手段或工具，而在于它具有一些独立内在的优秀品质，即它保证了程序过程的公正，从而体现了对程序参与者的尊严之尊重。[2]这些优秀品质是程序自身所具有的独立于实体的内在价值或目的性价值，因而，即使“并未增加判决的准确性，法律程序也要维护这些价值”。[3]在程序工具价值与自身价值的区分上，美国法学家罗伯特·萨默斯作了一针见血的论断，他认为，程序工具价值指将法律程序所具有的形成好结果的能力，称为“好结果效能”；而将法律程序本身的独立价值和其所具有的实现程序价值的能力，称之为“程序价值”、“程序价值效能”[4]。因此，判断一项法律程序是否具有内在价值不在于它能否产生“好结果”，而在于程序自身是否具有某些优秀品质，诸如参与、人道性、对个人尊严的尊重、隐私等，“在程序本位主义观念的指导下，程序独立于实体，自身作为一种目的而存在，不是实体的附庸，因此，如果作决定者程序违法，不管其实体认定是否真实，都要承担法律责任”[5]。

〔1〕 郑春燕：“程序的价值视角——对季卫东先生《法律程序的意义》一文的质疑”，载《法学》2002年第3期。

〔2〕 参见陈瑞华：《刑事审判原理论》，北京大学出版社1997年版，第30页。

〔3〕 [美] 迈克尔·D. 贝勒斯著，张文显等译：《法律的原则——一个规范的分析》，中国大百科全书出版社1996年版，第32页。

〔4〕 参见陈瑞华：“通过法律实现程序正义——萨默斯‘程序价值’理论评析”，载《北大法律评论》1998年第1期。

〔5〕 王万华：《行政程序法研究》，中国法制出版社2000年版，第244页。

行政程序抗辩权作为一种程序权利，当然具有自身的独立性价值，在程序本位主义看来，行政程序抗辩权的价值在于实现内在的人性尊严，而不是实现所谓的工具性价值，因此，如果行政程序抗辩权遭到行政主体的违法侵犯，即使实体权利安然无恙也必须予以救济。显然，这符合现代行政民主与法治之精义。但程序本位主义片面高歌程序的内在或自身价值而无视程序的工具价值的存在，也是不合理的。

综上所述，程序工具主义只认可行政程序抗辩权的外在性价值而漠视其内在性价值，相反，程序本位主义只认可行政程序抗辩权的内在性价值而无视其外在性价值，两者都具有不可避免的局限性。程序工具主义与程序本位主义的分歧可能与人性自身的冲突有关，因为人既具有道德性又具有功利性，作为道德主体的人可能更关注公平对待、尊严等程序公正方面的价值，而作为功利主体的人可能更关注过程对于结果的有效性。[1]笔者认为，行政程序抗辩权既有外在价值即工具性价值，又有独立于实体的内在价值，二者有机统一、不可分割。关于行政程序抗辩权的价值诠释，本文前面的第三章有详细阐述，此处不赘述。既然行政程序抗辩权所具有的内在价值使程序独立于实体而存在，与实体处于同等地位，相应的，与实体违法必须承担法律责任一样，违法侵犯行政程序抗辩权也要承担相应的法律责任，而不应视实体是否违法而确定。在彰显程序法治的时代，肯定行政程序抗辩权所具有的内在价值及使违法侵犯行政程序抗辩权的行政行为承担相应的法律责任，也许更具有重大理论意义与实践意义，因为“法律程序有助于从心理层面上和行动层面上解决争执。法律程序的诸多内容无助于判决

〔1〕 参见应松年主编：《行政程序法立法研究》，中国法制出版社 2001 年版，第 67 页。

之准确但有助于解决争执”[1]。总之，相对人的行政程序抗辩权若遭到侵犯却无法获得救济，则行政程序抗辩权的价值也无从实现。因此，正如法律的生命贵在实施一样，权利的生命则正在于实现。而要确保公民的程序权利，尤其是行政程序抗辩权得以实现，使被破坏的程序秩序得到恢复，被侵损的程序权利得到补救机会，就必须建立程序性救济机制。[2]通过健全侵犯行政程序抗辩权救济制度，使行政程序抗辩权受到侵害或因行政程序抗辩权受侵害而导致实体权益损失的行政相对人有机会主动地控诉行政程序违法行为，使相关程序侵权的行政主体受到应有的制裁，从而使程序法治秩序得以有效维护。

二、行政程序抗辩权救济的主要方式

行政程序抗辩权由于具有自身的独立价值，故而，若其遭到行政主体的侵犯应当获得救济，然则怎样救济方能使行政程序抗辩权受到尊重与保障？无疑建立一个合理有效的侵犯行政程序抗辩权的救济机制是我们必然的选择。此种救济机制主要由行政程序抗辩权救济的主要方式与行政程序抗辩权救济的重要途径构成。这里我们仅就“行政程序抗辩权救济的主要方式”作一探讨。关于程序违法的责任形式，从世界一些国家和地区的情况来看，呈现出多样化的特点，根据程序违法标准的不同包括无效、撤销、补正、更正、行为转换等多种形态。如有的国家程序法规定程序有主要程序和次要程序，违反了主要程序的程序违法，构成撤销，而违反了次要程序的可依法律规定补正。我国尚无统一的行政程序法典，行政主体程序违法的法律

〔1〕［美］迈克尔·D. 贝勒斯著，张文显等译：《法律的原则——一个规范的分析》，中国大百科全书出版社1996年版，第34页。

〔2〕参见陈瑞华：“程序性制裁制度研究”，载《中国法学》2003年第4期。

责任，主要规定在《行政处罚法》、《行政复议法》、《行政诉讼法》及其他法律、法规和规章之中。根据我国现有法律的规定，行政主体程序违法的法律责任虽已包括无效、撤销、责令履行职责、确认违法、赔偿等多种责任形式，但与国外相比还有一定的缺憾：一是对具体行政行为的程序违法缺乏“补正”这一应当具有的形式。我国原《行政复议条例》第 42 条第 2 项规定：具体行政行为有程序上不足的，决定被申请人补正。而 1999 年出台的《行政复议法》却取消了这一规定，这不能不说是个遗憾。二是对侵犯法定程序的情形很少作具体区分，导致只要违反法定程序的，责任形式也就同一化。如《行政复议法》第 28 条规定：违反法定程序的，行政复议机关可以决定撤销、变更该具体行政行为或者确认该具体行政行为违法；决定撤销或者确认该具体行政行为违法的，可以责令行政机关在一定期限内重新作出具体行政行为。《行政诉讼法》（2014 年修正）第 70 条规定，违反法定程序的行政行为，人民法院判决撤销或部分撤销，并可以判决被告重新作出行政行为。《行政处罚法》第 41 条规定：“行政机关及其执法人员在作出行政处罚决定之前，不依照本法第 31 条、第 32 条的规定向当事人告知给予行政处罚的事实、理由和依据，或者拒绝听取当事人的陈述、申辩，行政处罚决定不能成立；当事人放弃陈述或者申辩权利的除外。”《行政处罚法》第 3 条第 2 款规定：“没有法定依据或者不遵守法定程序的，行政处罚无效。”因此，我国在制定统一的行政程序法时，应借鉴其他国家和地区的有益经验，一方面要增设一些必要的程序违法的责任形式；另一方面要针对程序违法的不同情形，设定不同的责任形式。

在现代行政法治时代，程序违法必然包含对行政程序抗辩权的侵犯，如此，行政主体对行政程序抗辩权的侵犯也必须承担一定的责任，不同的程序违法对应着不同的责任形式，同理，侵犯行政程序抗辩权的具体情形不同，行政主体所承担的责任方式或形式也应有所区别。行政主体侵犯相对人行政程序抗辩权的具体情形主要表现在两个方面：一是行政决定作出之前应当听取抗辩而没听取，如不告知行政相对人的抗辩权、拒绝行政相对人的抗辩权等；二是行政主体违法或不正当听取抗辩，如逾期听取抗辩、不采纳正确的抗辩以及因抗辩而加重处罚等。对此，我们应当采取不同的程序救济方式，诸如行政行为的无效、行政行为的撤销、行政行为的补正、行政行为的违法确认以及行政赔偿等，使遭到违法侵犯的行政程序抗辩权获得应有的救济。

（一）行政行为的无效

行政行为的无效是指行政行为因具有重大明显瑕疵或具备无效的条件而自始不发生法律效力的情形，任何人及任何机关原则上对于无效的行政行为可自始、当然不受其拘束。[1]如联邦德国行政程序法44条1款规定：行政行为具有严重瑕疵且该瑕疵被判断为明显者，该行政行为无效。我国学者对程序违法的行政行为是否一律无效有两种针锋相对的观点：第一种观点认为，凡是程序违法的行政行为一律无效，理由是程序违法的行政行为欠缺行政行为的生效要件。行政行为的生效要件必须符合四个条件：①主体要件。它指作出行政行为的主体必须合法。②职权要件。它指作出行政行为的机关，必须享有作出该行政行为的法定职权。③内容要件。它指行政行为的内容必须合法。④程序要件。它指行政机关作出行政行为的程序必须合法，符合法律规定的步骤、方式、时间和顺序。因此，违反法

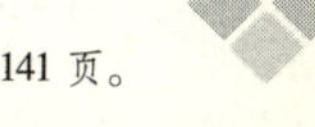

〔1〕参见应松年主编：《比较行政程序法》，中国法制出版社1999年版，第141页。

定程序的行政行为同样是无效的行政行为。[1]第二种观点认为，是否一律无效应作具体分析，且以是否影响当事人合法的实体权益来确定无效与否。如果行政主体违反法定程序的行政行为损害行政相对人的合法实体权益，应当认定无效，相反，如果行政主体违反法定程序的行政行为没有损害行政相对人的合法实体权益，或者影响微小的则不认为该行政行为无效。[2]显然，两种观点都有所偏颇：第一种观点无视程序违法的轻重，一律认为无效，在理论上站不住脚，在实践中也是有害的；第二种观点虽然主张并非所有的程序违法行为都无效，有其合理性，但它以是否损害行政相对人的合法实体权益为标尺来判断程序违法行为是否有效，则是不合理的，因为只要行政程序有重大明显的瑕疵，即使实体合法，行政主体所作的行政行为也应当无效。

关于行政主体所作的行政行为侵犯相对人行政程序抗辩权而无效的情形应当为相对人的正式行政程序抗辩权遭侵犯。正式行政程序抗辩权指相对人在正式听证程序中所享有的抗辩权，它所适用的范围是行政主体拟作出的决定对其合法利益将产生严重影响。如我国《行政处罚法》第42条规定："行政机关作出责令停产停业、吊销许可证或者执照、较大数额罚款等行政处罚决定之前，应当告知当事人有要求举行听证的权利……"换言之，如果行政主体的行政决定在作出之前应当通过正式听证程序听取相对人的抗辩而没有通过正式听证程序听取相对人的抗辩，如不告知行政相对人的正式行政程序抗辩权而导致的抗辩缺失、相对人申请正式行政程序抗辩而遭拒绝所导致的抗

---

〔1〕 参见应松年主编：《行政法学新论》，中国方正出版社1999年版，第194～195页。

〔2〕 参见胡建淼：《行政法学》，法律出版社1998年版，第472～473页。

辩缺失等，那么，行政主体所作出的行政决定应当是无效的。正式行政程序抗辩权的缺失所导致的行政行为无效不以行政行为所涉及的实体权益合法与否为界尺，即使实体权益合法，行政主体所作出的行政决定也应当是无效的。

在国外，有些国家法律明文规定，凡行政决定的作出应当通过正式听证程序听取相对人抗辩而缺乏这一要件的，所作出的行政决定必然无效。如英国，自然公正原则是支配行政机关活动程序方面的重要原则，违反该原则，法院一般视具体情况决定行政行为是否无效：如果对当事人有重要影响，会认为无效。显然，相对人的正式行政程序抗辩权是自然公正原则的核心内容，对相对人有重要影响，如行政主体剥夺正式行政程序抗辩权，所作的决定应当无效。在美国，行政机关的行政行为程序违法侵犯了宪法上正当法律程序的要件，如得到通知的权利；提出证据和论证的权利；质证和辩论的权利；请律师陪同出庭的权利；要求只据档案中所记载的证据裁决的权利等，则行政机关所作出的行政行为无效，而其中的提出证据和论证的权利与质证和辩论的权利是正式行政程序抗辩权的具体内容，因此，行政主体对正式行政程序抗辩权的剥夺会导致其所作出的行政决定无效。我国法律还没有明确规定剥夺正式行政程序抗辩权的重大行政决定应当无效，《行政处罚法》第3条2款规定："没有法定依据或者不遵守法定程序的，行政处罚无效。"这条规定虽然包含了剥夺正式行政程序抗辩权的重大行政决定应当无效的内容，但太笼统，并且相当不合理，因为对于行政主体所作出的行政决定侵犯了行政程序抗辩权的其他情形不应当无效。故而，在未来统一的行政程序法典中应当明确规定行政主体作出重大行政决定之前剥夺相对人正式行政程序抗辩权的，所作出的行政决定无效。

（二）行政行为的撤销

因程序违法而致使行政行为被撤销，是指有权机关对程序违法的行政行为予撤销，“使其不发生法律效力，或消灭已发生的法律效力，使其恢复到违法行政行为作出前的状态。”[1]撤销是行政程序瑕疵法律责任的主要形式，此处的“行政程序瑕疵”尚未达到“明显且重大”的程度，也就是说，行政行为的程序瑕疵介于“明显且重大”与“轻微”之间，否则，行政行为应当无效。为了进一步区分行政行为的撤销与行政行为的无效，我们必须注意下述几点：其一，无效的行政行为自始不发生法律效力，而被撤销的行政行为在撤销前具有法律效力，被撤销后才自始不发生法律效力；其二，无效的行政行为任何相对人或其他国家机关均可主张其无效，而行政行为的撤销只有有权的国家机关才能行使，相对人可提出申请；其三，无效的行政行为自始不发生效力且没有时效限制，而被撤销的行政行为如果超过法定时效没有被撤销，该行为将继续发生法律效力。[2]

根据程序违法的行政行为应予以撤销的条件是介于“明显且重大”与“轻微”之间，对于行政主体违法侵犯行政程序抗辩权所作出的行政行为应予以撤销的情形表现在：

1. 行政主体在作出行政决定之前应通过非正式听证程序听取相对人的抗辩意见而没有依此照办的，即剥夺了相对人的非正式行政程序抗辩权，所作出的行政决定应予以撤销，即使决定对实体权益的合法性无任何影响。这里举两个典型案例说明相对人的行政程序抗辩权被剥夺的行政决定应当予以撤销。

（1）关于田永诉北京科技大学案，此案的大致案情如下：

---

〔1〕 王万华：《行政程序法研究》，中国法制出版社2000年版，第252页。

〔2〕 参见常健、饶常林：“行政程序违法的司法审查”，载《河北法学》2001年第2期。

原告田永为被告北京科技大学的一名学生。1996 年在一次补考中，原告因携带与考试有关的字条，被监考老师发现，被告根据该校发（94）第 068 号《关于严格执行考试管理的紧急通知》，认定田某的行为为作弊行为，并作出退学处理的决定。然而被告没有直接向田永宣布处分决定和送达变更学籍通知，也未给其办理退学手续，直至田永完成了本科阶段的教学计划、毕业论文通过了答辩，但 1998 年 6 月原告向被告申请颁发毕业证、学位证时，被告以其不具备学籍为由，拒绝其申请。田永认为被告拒绝发给其毕业证和学位证是违法的，遂向北京市海淀区人民法院提起行政诉讼。1992 年 2 月法院审理了此案，并作出判决，责令被告颁发毕业证辩召集学位评定委员会进行学位审核。对此判决，被告不服，向北京市第一中级人民法院提出了上诉。1999 年 4 月二审法院作出了驳回上诉、维持原判的终审判决。[1] 关于此案的判决法院共提出了三条理由，其中，第二条理由为："按退学处理，涉及被处理的受教育权利，从充分保障当事人权益的原则出发，作出处理决定的单位应当将处理决定直接向被处理着本人宣布、送达，允许被处理者本人提出申辩意见。北京科技大学没有照此原则办理，忽视当事人的申辩权利，这样的行政管理行为不具有合法性。"[2] 显然，本理由充分说明了行政主体在作出不利决定之前应当尊重与保障相对人的行政程序抗辩权，否则行政主体所作出的行政决定会遭到撤销的后果。

（2）关于刘燕文诉北京大学案，基本案情简介：1992 年 9 月，刘燕文在获得北大的硕士学位和毕业证书后，继续留在北

〔1〕 参见《中华人民共和国最高人民法院公报》1999 年第 4 期；转引自周佑勇：《行政法基本原则研究》，武汉大学出版社 2005 年版，第 305 页。

〔2〕 详见《中华人民共和国最高人民法院公报》1999 年第 4 期。

大无线电电子学系攻读博士学位，主攻方向为电子物理。对刘燕文的博士论文——《超短脉冲激光驱动的大电流密度的光电阴极的研究》——的审查经过了三道程序：①博士论文答辩委员会的审查（当时7位委员全票通过）；②北大学位评定委员会电子学系分会的审查（当时13位委员中12票赞成，1票反对）；③北大学位评定委员会的审查（北大学位评定委员会委员共计21位，对刘文进行审查时到场16位委员，6票赞成，7票反对，3票弃权）。根据1996年1月24日北大学位评定委员会的审查结果，决定不授予刘燕文博士学位，只授予其博士结业证书，而非毕业证书，并且这一决定结果未正式、书面通知刘燕文。1999年7月，他向海淀区法院起诉，法院经审理判决撤销北京大学学位委员会不授予刘燕文博士学位的决定，并责令对是否批准授予授予刘燕文博士学位重新作出决定。[1]法院对本案的判决所持理由有三：其一，“……该决定未经校学位委员会全体成员过半数通过，违反了《中华人民共和国学位条例》第10条第2款规定的法定程序，本院不予支持”。其二，“本案被告校学位委员会在作出不批准授予刘燕文博士学位之前，未听取刘燕文的申辩意见……该决定应予撤销”。其三，“在作出决定之后，也未将决定向刘燕文实际送达，影响了刘燕文向有关部门提出申诉或提起诉讼权利的行使”[2]。显然，在上述法院判决所持的第二个理由充分说明了行政主体在作出不利行政决定之前应当告知相对人享有行政程序抗辩权并听取相对人的抗辩意见从而保障行政程序抗辩权的真正行使，否则，行政主体所作出

---

〔1〕参见姜明安、毕雁英主编：《行政法与行政诉讼法教学案例》，北京大学出版社2006年版，第189页。

〔2〕参见姜明安、毕雁英主编：《行政法与行政诉讼法教学案例》，北京大学出版社2006年版，第190页。

的决定将面临被撤销的危险。

2. 行政主体在作出行政决定之前听取了相对人的抗辩（包括正式抗辩与非正式抗辩），即保障了相对人的抗辩机会，但行政主体违法听取抗辩，符合下列两种情形的，也应予以撤销：①行政主体不采纳正确的抗辩意见而导致实体违法；②行政主体因抗辩而加重处罚并导致实体违法。在法国，行政行为程序违法分为形式上的缺陷和程序滥用两种，其中，形式上的缺陷指行政行为欠缺必要的形式或程序，或者不符合规定的形式或程序。法国行政法院关于形式违法的判例表现出很大灵活性：其一，区别主要的形式和次要形式，只有违反主要形式才构成撤销理由；其二，区别程序的目的，违反保护当事人权益的程序，构成撤销的理由，其三，区别不同的情况，在紧急情况或特殊情况下，行政机关为了公共利益的需要，可以不遵守法定形式和程序；其四，区别能否补正，不能补正的，则属违法。其五，规定对羁束权限的行政行为，只要内容符合法律的规定，形式违法不发生无效的效果。〔1〕显然，上述第一项与第二项应包含行政主体违法侵犯行政程序抗辩权所作出的行政行为应予以撤销的情形。我国现行法律对违法侵犯行政程序抗辩权所作出的行政行为应予以撤销的情形没有明确规定。如《行政诉讼法》（2014 年修正）第 70 条规定，违反法定程序的行政行为，人民法院判决撤销或部分撤销，并可以判决被告重新作出行政行为”。此条规定过于笼统、绝对，因为违反法定程序的行政行为不一定都应撤销。《行政处罚法》第 41 条规定：“行政机关及其执法人员在作出行政处罚决定之前，不依照本法第 31 条、第 32 条的规定向当事人告知给予行政处罚的事实、理由和依据，

〔1〕 参见王名扬：《法国行政法》，中国政法大学出版社 1998 年版，第 689 ~ 691 页。

或者拒绝听取当事人的陈述、申辩，行政处罚决定不能成立；当事人放弃陈述或者申辩权利的除外。”此规定包含了行政主体在作出行政处罚决定之前剥夺相对人的非正式抗辩权，行政处罚决定应予以撤销。但《行政处罚法》则规定为行政处罚决定不能成立，这令人难以理解与接受，因为“如果我们把它理解为通常意义上的不成立，那么意味着违反该法定程序的行政处罚并未构成一个具体行政行为，进而也就意味着一个当事人遭受违反该法定程序的行政处罚的侵害却该处罚不是一个具体行政行为不能申请复议、不能获得司法保护”〔1〕。这显然不是立法的目的，因此，立法对剥夺相对人的非正式抗辩权的行政行为应当确立为撤销。总之，未来统一的行政程序法典中应当明确规定上述行政主体侵犯行政程序抗辩权所作出的行政决定应予以撤销的情形。

（三）行政行为的补正

行政行为的补正指“对欠缺合法要件的行政行为进行事后补救，从而使违法的行政行为因补足要件，成为合法的行政行为，继续维持其效力”〔2〕。“根据现代学者的观点，不再拘泥于过去的形式主义，对违法行政行为动辄宣告无效或予以撤销。转而注重公共利益和对公民信赖利益的保护，并顾及行政行为被撤销后对社会造成的影响，尽量设法维持行政行为的效力”〔3〕。日本行政法学者认为对于有瑕疵的行政行为，与其撤销而做出同样的处分不如对行政行为瑕疵予以治愈，即补正，从

---

〔1〕 姜明安主编：《行政法与行政诉讼法》，北京大学出版社、高等教育出版社 2007 年版，第 223 页。

〔2〕 王万华：《行政程序法研究》，中国法制出版社 2000 年版，第 259 页。

〔3〕 转引自姜明安主编：《行政程序研究》，北京大学出版社 2006 年版，第 393 页。

而维持起初的行政行为的效力，因为这对维护法的稳定性与防止行政资源的浪费具有重要意义。[1]但补正的适用必须具备下列条件：[2]一是行政行为只具有轻微的程序瑕疵，如果程序严重瑕疵的，不能补正。二是该程序瑕疵的存在不影响行政主体已作出的实体处理结果。三是时间的限制。德国和我国台湾地区的“行政程序法”都规定了补正的时间限制，《联邦行政程序法》规定，补正“必须在预审程序结束前，如未进行预审程序的，则必须在向行政法院起诉之前予以补做”，台湾“行政程序法”第114条亦规定，补正行为，仅得于诉愿程序终结前为之，得不经诉愿程序者，仅得于向行政法院起诉前为之。这里的“预审程序”和“诉愿程序”类似于我国的行政复议程序。换言之，在我国，行政机关的自我补正必须在行政复议程序终结前进行，如果相对人没有提起行政复议，则必须在相对人向提起行政诉讼前进行。

基于上述行政行为的补正意义与条件，对于行政主体违法侵犯相对人的行政程序抗辩权应当予以补正的情形有二：一是行政主体在听证程序中不采纳正确的抗辩意见但所作决定的实体内容合法；二是行政主体因抗辩而加重处罚的决定没有并导致实体违法。如此，对这两种程序瑕疵的补正为行政主体于事后采纳相对人正确的抗辩意见及减轻所加重的处罚。对于具体行政程序的补正，大陆法系如德国、日本以及我国台湾地区的“行政程序法”都有较为明确的规定，我国台湾地区“行政程序法”第114条规定了几种可补正的瑕疵行政程序：①依申请行政行为，当事人已

〔1〕 参见［日］盐野宏著，杨建顺译：《行政法》，法律出版社1999年版，第116页。

〔2〕 参见张树义主编：《行政程序法教程》，中国政法大学出版社2005年版，第206页。

于事后提出申请。②必须记录的理由易于事后补做的。③本应给与陈述意见的机会已于事后补做该陈述。④应参与做出行政决定的委员会已于事后补做决议。⑤应参与的行政机关事后补充参与的。[1]

我国现行法律对具体行政程序瑕疵的补正不仅没有一般的规定，而且更加缺乏对行政程序抗辩权瑕疵予以补正的具体规定，以前的《行政复议条例》有关于“补正”的规定，但后来的《行政复议法》取消了此规定。因此，未来统一的行政程序法典中应当明确规定上述行政主体侵犯行政程序抗辩权所作出的行政决定应予以补正的情形。

（四）行政行为的违法确认

行政行为的违法确认也是行政主体程序违法的一种责任追究方式，在我国有法律与司法解释的依据。《行政复议法》第28条规定，具体行政行为违反法定程序的可以确认该具体行政行为违法，并可以责令被申请人在一定期限内重做具体行政行为。但该规定还有待完善，因为确认具体行政行为程序违法，如果不需要重作或重作会给国家利益或公共利益造成重大损害的或重作的行政行为与原行政行为的结果相同的，则不应重作。确认违法在实践中有着广泛的适用空间，主要适用于以下情形：①行政主体逾期不履行法定职责，但责令其履行法定职责已又无实际意义的，可适用确认违法。②行政主体逾期履行法定职责，该但逾期行为并未给相对人的合法权益造成实际不利影响。③对不能成立的行为，可采用确认违法的方式并追究行政主体的责任。④行政程序违法，但撤销该行政程序会给公共利益造成重大损失的，确认该具体行政行为违法，使该行政行为继续

〔1〕 参见应松年主编：《外国行政程序法汇编》，中国法制出版社2004年版，第525页。

有效，同时责令行政主体采取相应的补救措施。⑤行政行为程序违法但结果正确，若采用撤销的处理方式，又得责令行政机关重新作出行政行为，且行政主体重新作出的行政行为与原行政行为的结果相同，应该采用确认程序违法的方式进行处理，使该行政行为继续有效，但必须追究违法行政主体及相关行政公务人员的行政法律责任。[1]

对此，2014 年修正的《行政诉讼法》第 74 条规定，行政行为程序轻微违法，但对原告权利不产生实际影响的，人民法院应判决确认违法，但不撤销该行为。但这条规定还存在一定的不足：一是对于“程序轻微违法”没做具体说明；二是没有规定追究行政主管人员和直接责任人员的法律责任。建议以后《行政诉讼法》的修正能对这一问题予以完善与发展，以便更好地保护相对人的程序权利。

根据上述对行政主体违反程序的行为确认违法的条件，行政主体作出的行政决定侵犯行政程序抗辩权适用违法确认的情形主要为行政主体逾期听取抗辩，行政程序抗辩权的保障不仅要求行政主体必须听取相对人的抗辩意见，而且应当及时或按时听取抗辩，否则，也是对行政程序抗辩权之侵犯。如《行政许可法》第 47 条规定，申请人、利害关系人在被告知听证权利之日起 5 日内提出听证申请的，行政机关应当在 20 日内组织听证。对此，倘若行政机关在 20 日外组织听证，便是对相对人抗辩权的侵犯。故而，有权机关应对行政主体逾期听取抗辩予以违法确认，并追究相关责任人员的法律责任。我国现行法律对逾期听取抗辩的违法确认还无明确规定，建议未来统一的行政程序法典写进这一内容。

〔1〕参见石佑启：“行政程序违法的法律责任”，载《法学》2002 年第 9 期。

（五）行政赔偿

对行政主体的行政程序违法给行政相对人的合法实体权益造成的损害进行赔偿，也是行政程序违法必要的责任形式之一，“对行政主体程序违法的行为仅靠无效、撤销、责令履行职责、确认违法等方式追究其责任，有时很难达到目的，而采用赔偿的方式既有助于切实监督行政主体依法行政，又能有效地保护行政相对人的合法权益，并使行政主体程序违法的责任形式在体系上更加完整”[1]。我国现行法律还没有直接对行政机关程序违法的赔偿责任作出规定，但充分隐含了程序违法的赔偿责任，如2012年修正的《国家赔偿法》第2条规定：“国家机关和国家机关工作人员行使职权，有本法规定的侵犯公民、法人和其他组织的合法权益的情形，造成损害的，受害人有依照本法取得国家赔偿的权利。”2014年修正的《行政诉讼法》第76条规定：“人民法院判决确认违法或者无效的，可以同时判决责令被告采取补救措施；给原告造成损失的，依法判决被告承担赔偿责任。”

行政主体侵犯相对人行政程序抗辩权所应承担行政赔偿情形表现在：一是行政主体的行政决定作出之前应当听取抗辩而没听取而导致相对人实体权益损害的，如行政主体作出限制相对人人身自由的行政处罚之前剥夺了相对人的抗辩权，从而使这一处罚决定作出后导致相对人的人身自由受限制的；又如行政主体作出的责令停产停业或吊销营业执照决定之前剥夺了相对人的抗辩权，从而使作出的决定影响相对人的生产经营，给相对人带来经济损失的。二是行政主体违法听取抗辩，如不采纳正确的抗辩对相对人的实体权益造成损失的、因抗辩而加重

---

〔1〕 石佑启：“行政程序违法的法律责任”，载《法学》2002年第9期。

处罚对相对人的实体权益造成损失的等。

根据现行法的相关规定，侵犯行政程序抗辩权所应承担的行政赔偿应当符合下述要求：其一，赔偿的主体只能侵犯行政程序抗辩权的行政主体或行政机关，行政机关工作人员不能成为行政赔偿的主体。但行政机关赔偿损失后可向符合条件的行政机关工作人员予以追偿。如2012年新修正的《国家赔偿法》第16条规定："赔偿义务机关赔偿损失后，应当责令有故意或者重大过失的工作人员或者受委托的组织或者个人承担部分或者全部赔偿费用。"其二，赔偿的前提条件必须是行政机关程序违法给相对人的实体权益造成了损害。其三，赔偿的种类既包括对相对人的人身损害，又包括对相对人的财产损害，其中对相对人的人身损害，不仅要赔偿物质性损失，而且还应当给予一定数额的精神损害赔偿。其四，赔偿的途径，相对人的赔偿请求既可以在申请行政复议和提起行政诉讼时一并提出，也可以单独提出，但单独提出损害赔偿请求，应当先由违法侵犯相对人行政程序抗辩权的行政机关处理。我国现行法律对侵犯相对人行政程序抗辩权的赔偿问题还没有明确的规定，未来统一的行政程序法典应当对此有所规定，从而真正使受到侵害的行政程序抗辩权获得完整有效的救济。

三、行政程序抗辩权救济的重要途径

相对人行政程序抗辩权救济的主要方式必须通过一定的救济途径方能发挥功效，如撤销的方式必须通过行政复议或行政诉讼的途径才能实现，否则，救济的方式再多、再完美也只能是一种摆设，因此，追寻相对人行政程序抗辩权的救济途径也就成为必然。行政程序抗辩权救济一般可以分为行政体系内救济和行政体系外救济两条途径。"体系内救济是指由行政主体系

统提供裁决机构并由其管辖或行政相对方寻求权利救济时必须或可以向行政机关提出，由行政机关裁决的救济制度。体系外救济是指由行政主体系统之外的机关，主要是司法机关提供裁决机构并由其管辖或行政相对方寻求救济时必须或可以向非行政机关提出、由该机关进行裁决的救济制度"〔1〕。行政程序抗辩权救济的具体途径包括行政复议、行政申诉、人事仲裁、行政信访、立法审查以及行政诉讼等。由于在各国的行政相对人权利救济体系中，行政复议与行政诉讼是理论界与实务界共同关注的焦点，因此，行政程序抗辩权救济的重要途径首推行政复议与行政诉讼。

（一）行政复议：行政体系内的行政程序抗辩权救济

行政复议作为体系内重要的救济制度是指"行政相对人认为行政主体的具体行政行为侵犯其合法权益，依法向行政复议机关提出复查该具体行政行为的申请，行政复议机关依照法定程序对被申请的具体行政行为进行合法性、适当性审查，并作出行政复议决定的一种法律制度"〔2〕。相应地，行政程序抗辩权的复议救济是指行政相对人认为行政主体所作出的具体不利行政决定侵犯其行政程序抗辩权，依法向行政复议机关提出复查该具体不利行政决定的申请，行政复议机关依照法定程序对被申请的具体不利行政决定进行合法性、正当性审查，并作出行政复议决定的活动。关于侵犯行政程序抗辩权的行政行为是否可以申请行政复议，我国法律没有明确规定，但根据《行政复议法》第 6 条第 1 款第 11 项的规定，公民、法人和其他组织"认为行政机关的其他具体行政行为侵犯合法权益的"，有权申

〔1〕 赫然："行政相对方权利研究"，吉林大学 2005 年博士学位论文。

〔2〕 姜明安主编：《行政法与行政诉讼法》，北京大学出版社、高等教育出版社 2007 年版，第 415 页。

请行政复议。“其他合法权益”应当包括受到法律保护的诸如出版、言论、集会、结社、宗教信仰等政治性权利以及劳动权、受教育权、休息权、知情权、程序性权利等。如果行政机关的具体行政行为侵犯了行政相对人受法律保护的这些合法权益的，相对人也有申请行政复议的权利。[1]而行政程序抗辩权是最重要的程序性权利之一，因此，通过行政复议对具体行政行为所侵犯的行政程序抗辩权予以救济也就成为必然。

通过行政复议途径对受侵害的行政程序抗辩权予以救济具有诸多优越性：其一，有利于救济的准确性。现代社会生活的复杂性和科学技术的迅速发展从而使涉足社会各领域的行政行为也具有高度的专门性和技术性，而行政复议机关有的是作出原行政行为的行政机关、有的是作出原行政行为的行政机关的上级行政机关，如此，它们对行政行为本身的理解相对于行政体系外救济机关来说，在技术层面上更为娴熟，因而对行政程序抗辩权救济会更为准确。其二，有利于救济的经济性。行政复议相对于行政诉讼而言，在程序设置、期间、费用等各方面都更富于弹性，因而更易于节约人力、物力和时间。其三，有利于救济的及时性。由于行政复议相对于行政诉讼来说，程序较为简化，因而能够更方便迅速地对行政相对人受损的行政程序抗辩权予以权益及时弥补。

行政程序抗辩权之行政复议救济的具体方式包括决定行政行为的无效、行政行为的撤销、行政行为的补正、行政行为的违法确认以及行政赔偿等，关于这些救济方式，本章前面有详细阐述，此处不赘述。

为了更好地促进行政复议对相对人行政程序抗辩权的救济

〔1〕 参见马怀德：“行政监督与救济制度的新突破”，载《政法论坛》1998 年第 4 期。

功能，我们应当对行政复议予以一定程度的完善与发展。

1. 必须增设回避制度与禁止单方面接触制度以及加强与改善复议机构的中立性与独立性。行政程序抗辩权乃自然正义原则与正当法律程序原理的题中之义，它在行政程序中需要公正的行政主体听取抗辩制度予以保障：一是行政回避制度与禁止单方面接触制度；二是需要独立的听证主持人听取抗辩制度。同样，在行政复议救济程序应当增设回避制度与禁止单方面接触制度以及加强与改善复议机构的中立性与独立性，否则，行政程序抗辩权的有效救济会大打折扣。我国目前的行政复议机构是隶属于各级人民政府和行政职能部门的内部机构，其人员配备和职权行使不具有独立性与中立性。我国台湾地区的诉愿审议委员会值得我们借鉴。诉愿审议委员会的委员由本机关高级职员以及外聘的社会公正人士、学者、专家组成，外聘的委员不得少于1/2。诉愿审议委员会的决议必须有过半数的委员出席并且有过半数的出席委员同意，这种多数决定原则使得行政机关也无法根据行政一体原则对诉愿审议委员会的决定施加影响，从而使诉愿审议委员会的独立性与中立性得以生成，有助于正义得以伸张，真正使相对人的行政程序抗辩权之救济落到实处。

2. 必须加强与改善行政复议程序的保障。对此，我国有学者认为，应当引入听证程序，保障复议当事人质证、辩论和聘请律师的权利并改变目前行政复议以书面审查为原则的方式；行政复议应当公开举行，接受各方监督，除涉及国家秘密、商业秘密和个人隐私外；为了避免暗箱操作，除简易程序外，未经当面质证的证据不得作为裁决的依据等。[1] 显然，这些主张

〔1〕 参见应松年："完善我国的行政救济制度"，载《江海学刊》2003年第1期。

对行政程序抗辩权的救济提供了有益的思路，但还应当进一步展开说明，才能使行政程序抗辩权的救济落到实处。由于行政程序抗辩权分为正式行政程序抗辩权与非正式行政程序抗辩权，前者指行政相对人因行政主体拟作出的决定对其合法利益将产生严重影响而在正式行政听证程序中抗辩的权利；后者指行政相对人因行政主体拟作出的决定对其合法利益产生较小影响而在非正式行政听证程序中抗辩的权利，因此，对这两种不同的抗辩权之行政复议救济的具体方案也应有所区别。如果作出原具体行政行为的行政主体侵犯了相对人的正式行政程序抗辩权，包括剥夺相对人的正式抗辩权（没有听取相对人的正式抗辩）与违法听取相对人的正式抗辩，那么，对于前者，在行政复议救济中应采取正式听证程序；对于后者可采取非正式听证程序，因为作出原具体行政行为的行政主体已采用了正式听证程序，为了保障行政效率与节约行政成本，没必要再采取正式听证程序。如果作出原具体行政行为的行政主体侵犯了相对人的非正式行政程序抗辩权，包括剥夺相对人的非正式抗辩权（没有听取相对人的非正式抗辩）与违法听取相对人的非正式抗辩，则在行政复议救济中皆应采取非正式听证程序，因为原具体行政行为对相对人的合法权益影响较小，案件较为简单。

我国《行政复议法》对行政程序抗辩权的救济采取非正式听证程序有所规定，如第22条规定："行政复议原则上采取书面审查的办法，但是申请人提出要求或者行政复议机关负责法制工作的机构认为有必要时，可以向有关组织和人员调查情况，听取申请人、被申请人和第三人的意见。"但本规定对相对人在复议中的抗辩效果没有具体的说明，应该补充两点：一是对于正确的抗辩意见，行政复议主体应当采纳；二是对于相对人的抗辩，行政复议主体不能加重其不利影响。关于行政程序抗辩权的救济采取正

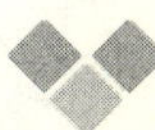

式听证程序，《行政复议法》还没有规定，为了有效救济被侵犯的行政程序抗辩权，《行政复议法》应将正式听证程序纳入调整范围，并应对正式听证程序的相关要求作出说明，对此，可以借鉴《行政处罚法》与《行政许可法》对正式听证程序具体规定。

3. 关于行政程序抗辩权救济的复议决定方式，《行政复议法》也应当有所完善与发展。其一，应当增设“补正”方式，原《行政复议条例》第42条规定，对具体行政行为有程序上的不足的，复议机关可以责令行政机关补正，但《行政复议法》却取消了补正的形式，从各国的立法实践看，补正是解决程瑕疵问题的有效方式，一方面可以避免公共利益之损失，另一方面可以确保相对人权利获得有效救济，如对于行政主体在听证程序中不采纳正确的抗辩意见但所作决定的实体内容合法或行政主体因抗辩而加重处罚的决定没有并导致实体违法的情形，行政复议主体可作出决定，要求作出原行政决定的行政主体采纳相对人正确的抗辩意见或减轻所加重的处罚即可，因此，为了使相对人的行政程序抗辩权获得有效救济的同时，公共利益也安然无恙，《行政复议法》有必要增设“补正”方式。其二，行政复议主体作出维持原不利决定或变更原不利决定，但仍然对相对人不利时，应当说明理由。《行政复议法》对此没有规定，为了使相对人的行政程序抗辩权真正得以救济，有必要增设这一规定。

（二）行政诉讼：行政体系外的行政程序抗辩权救济

行政诉讼是指“作为行政相对人的公民、法人或者其他组织方认为有关行政机关及其工作人员的具体行政行为侵犯其合法权益，依法向人民法院起诉，而由人民法院审理并作出裁判的活动”[1]。相应地，行政程序抗辩权的诉讼救济是指行政相对

〔1〕周佑勇：《行政法原论》，中国方正出版社2005年版，第383页。

人认为行政主体的具体不利行政行为侵犯其行政程序抗辩权，依法向人民法院起诉，而由人民法院对该具体不利行政行为的合法性或正当性予以审理并作出裁判的活动。行政程序抗辩权的诉讼救济的必要性在于上述行政复议救济是行政系统内部对其所属主体作出的行政行为的合理性和合法性的裁决，提供救济的主体并不是中立的第三者，而是侵害了行政相对方权利的行政主体自身或其上级，从而其决定的公正性与权威性必然遭到质疑。司法救济作为最终的救济方式，是公民权利保障的最后一道屏障。只有在司法程序中使相对人的行政程序抗辩权得到救济，矫正行政机关在行政程序中的偏私或是忽视公众参与（抗辩是有效参与的必要条件）的行为，行政程序中的参与人才会感到有正义的支持，才会使我们的行政程序法治建设在参与行政并对不利决定予以抗辩的贯彻下渐趋完满。[1]正如有学者称缺少司法审查作为后盾的行政程序法，恰似无牙的老虎。[2]因此，“行政救济是其他救济方法发挥效用的条件，即其他救济方法要有效地救济权利，离不开诉讼救济的支持”[3]。行政程序抗辩权之诉讼救济的具体方式包括判决行政行为的无效、行政行为的撤销、行政行为的补正、行政行为的违法确认以及行政赔偿等，关于这些救济方式，本章前面有详细阐述，此处不赘述。

行政诉讼救济虽然是相对人行政程序抗辩权保障的最后一道屏障，相对于其他救济途径而言，颇具公正性与权威性，但

〔1〕参见方洁：“参与行政的意义——对行政程序内核的法理解析”，载《行政法学研究》2001年第1期。

〔2〕参见汤德宗：“行政程序法评析”，海峡两岸1999年9月行政法研讨会（西安）提交论文。

〔3〕曹刚：《法律的道德批判》，江西人民出版社2001年版，第109页。

要发挥其应有的功效，还必须对下述关键问题予以完善与发展。

1. 必须进一步明确《行政诉讼法》的受案范围与判决方式。《行政诉讼法》第70条规定："行政行为有下列情形之一的，人民法院判决撤销或部分撤销，并可以判决被告重新作出行政行为：……违反法定程序的……"这一规定至少存在两个问题需要妥当解决：其一，其中"违反法定程序的"应当隐含对相对人行政程序抗辩权的侵犯，但终究不明确，行政程序抗辩权不仅是行政程序中的核心权利，行政参与有效性的关键，更是听证程序的内核，因此，为了凸显对行政程序抗辩权之救济，有必要将"违反法定程序的"发展为"违反法定程序，尤其是侵犯相对人行政程序抗辩权的"。其二，对于违反法定程序的行政行为，此规定一律予以判决撤销或部分撤销，并可以判决被告重新作出，而欠缺对违反不同法定程序的具体行政行为予以不同的判决的规定，这显然不利于法治行政的建设。前面我们已阐明了侵犯行政程序抗辩权的具体情形不同，行政主体所承担的责任方式或形式也应有所区别，因此，法院应对行政主体侵犯相对人行政程序抗辩权的不同情形采取不同的判决方式。如对于剥夺或拒绝行政相对人的正式抗辩权的具体行政行为应予以判决宣告无效；对于剥夺或拒绝行政相对人的非正式抗辩权的具体行政行为应予以判决撤销；对于不采纳正确的抗辩，但实体正确的具体行政行为应予以判决补正；对于逾期听取抗辩的具体行政行为应予以判决违法确认等。

2. 必须进一步完善与发展司法审查的标准。一方面我们应当坚持与发展现行法律所规定的合法性审查标准，上述《行政诉讼法》第70条的规定为行政程序违法的司法审查确立了法律上的依据，因此由法律作为行政程序违法司法审查的依据是毋庸置疑的。但行政法规，规章以及其他规范性法律文件在实践中所发挥出了难以替代的巨大作用，因此“合法性标准”中的法应作广义解释，但司法实践中，人民法院审查具体行政行为是否违法的依据只是法律和行政法规，规章只能参照使用，其他规范性法律文件没有作为审查依据的法律效力。行政程序抗辩权作为相对人的一种重要的程序权利，已在我国的《行政处罚法》及《行政许可法》等单行法中有明确规定，随着行政法治的发展，行政法规，规章以及其他规范性法律文件也将对行政程序抗辩权有所规范，如果人民法院审查具体行政行为是否违法侵犯行政程序抗辩权的依据只是法律和行政法规，那么必将产生两个不利后果：一是法院对规章及其他规范性法律文件关于行政程序抗辩权的规定是否与法律和行政法规保持一致，无法监督；二是即使规章及其他规范性法律文件关于行政程序抗辩权的规定与法律和行政法规保持一致，但行政主体侵犯规章及其他规范性法律文件所规定的行政程序抗辩权时，法院也无法监督。因此，为了有效救济行政程序抗辩权，应当扩充合法性标准，使它不仅包括法律，而且还包括行政法规，规章以及其他规范性法律文件。另一方面，我们还应当发展合理性审查标准，我国法律对程序违法还没有明确规定合理性审查标准，从法理上看，行政机关在程序方面如果严重违背基本的公正要求，人民法院应撤销所作出的具体行政行为，“其理论基础是行政主体滥用行政自由裁量权所引起的法律后果已达到相当严重程度，从而引起该具体行政行为质变为违法”[1]。对于行政主体是否侵犯行政程序抗辩权予以合理性审查的必要性在于：其一，对行政程序抗辩权有法律规定情形，行政主体将法律规定适用于具体案件事实时，享有一定的裁量权，因为法定的行政程序

[1] 章剑生：“论行政程序违法及其司法审查”，载《行政法学研究》1996 年第 1 期。

抗辩权还只是一种抽象的规定，但行政主体在具体适用法定的行政程序抗辩权时要符合合理性标准，如《行政处罚法》第32条规定了“……行政机关必须充分听取当事人的意见……”这一内容，对于其中的“充分”二字如何把握，行政机关有一定的裁量余地；再如，《行政许可法》第48条第1款第1项规定了“行政机关应当于举行听证的7日前将举行听证的时间、地点通知申请人、利害关系人，必要时予以公告。”这一内容，对于其中的“时间”、“地点”的选择以及“必要时”的把握，都需要行政机关根据具体情况，具体决定，而行政机关对所选择的决定应当符合合理性标准。其二，对于法律没有明确规定行政主体应当尊重与保障相对人行政程序抗辩权的情形，行政主体对于是否选择听取相对人的抗辩具有更大的裁量空间。如果行政主体选择不听取相对人的抗辩，应当有合理性依据。法院判断行政主体是否侵犯相对人的行政程序抗辩权的合理性标准，主要体现在：行政主体拟作出的不利决定必须遵守惯例与公理、体现政策与形式以及符合公共利益与个人利益的一致性等。

总之，法院对侵犯行政程序抗辩权的具体行政行为进行合法性审查时，兼采合理性审查标准更有助于行政程序抗辩权之救济，因为行政主体在作出不利行政决定之前不仅应当合法听取相对人的抗辩，而且应当合理听取相对人的抗辩。

3. 应当确立行政程序抗辩权的“司法最终救济”原则。美国行政法学者伯纳德·施瓦茨先生认为：“一个成熟的行政法体系应当包括三个必须的部分：①可以赋予行政机关的权力的范围和坚持限制在行使上述权力时的越权行为；②在处理公民与行政机关之间的关系时，必须公平对待；③必须有这样一个原则：行政机关对其行为无最后发言权，并且公民能够通过一个独立的法庭对行政机关的行为之合法性提出异议。"[1] 据此，行政程序抗辩权的“司法最终救济”是指行政主体（包括行政复议主体）的行政决定不具有最终法律效力，行政相对人对不利的行政决定不服有权提起行政诉讼要求司法机关对所争议的行政程序抗辩权纠纷作出最终裁决。

行政程序抗辩权乃现代行政程序中的一种核心权利，不仅具有保障实体性权利的外在价值，而且还具有维护人的内在尊严的价值，并对促进法治行政与和谐行政的实现不可或缺。如果相对人的行政程序抗辩权遭行政主体的违法或不当侵犯缺失司法的最终救济，那么必将有损于人权的维护、法治行政与和谐行政的实现。如此，行政程序抗辩权的侵犯不仅需要救济，而且需要公正的救济。公正与司法有着不解之缘：一方面，公正是司法的生命；另一方面，司法是实现公正的最后屏障。由于行政纠纷是实力明显不对等的行政主体和行政相对人之间的对峙，因此，司法最终救济原则能有效防范行政主体恃强凌弱，从而使相对人的行政程序抗辩权获得最终也是最好的救济。但我国目前的相关法律的规定与司法最终救济原则相违背，随着行政法治的进步与人权保障的加强，我国法律应当统一规定权利救济尤其是行政程序抗辩权救济的司法最终救济原则。

〔1〕［美］伯纳德·施瓦茨著，刘同苏译：“行政法体系的构成”，载《环球法律评论》1989 年第 3 期。

第六章 行政程序抗辩权适用之具体领域论

了解行政程序抗辩权的本体论、理论基础、价值论、保障论以及救济论等一般理论固然重要，但只有在具体领域澄清行政程序抗辩权的适用，才能对行政程序抗辩权的本来面目有更为完整、清晰以及透彻的理解与认识。本章着重分析与说明了我国行政处罚听证程序中的抗辩权与行政许可听证程序中的抗辩权。

一、行政处罚听证程序中的抗辩权

关于行政处罚听证程序中的抗辩权，我国行政处罚法有所规定，如《行政处罚法》第 32 条规定：“当事人有权进行陈述和申辩。行政机关必须充分听取当事人的意见，对当事人提出的事实、理由和证据，应当进行复核；当事人提出的事实、理由或者证据成立的，行政机关应当采纳。行政机关不得因当事人申辩而加重处罚。”《行政处罚法》第 41 条规定：“行政机关及其执法人员在作出行政处罚决定之前，不依照本法第 31 条、第 32 条的规定向当事人告知给予行政处罚的事实、理由和依据，或者拒绝听取当事人的陈述、申辩，行政处罚决定不能成立；当事人放弃陈述或者申辩权利的除外。”《行政处罚法》第 42 条规定：“行政机关作出责令停产停业、吊销许可证或者执照、较大数额罚款等行政处罚决定之前，应当告知当事人有要求举行听证的权利；当事人要求听证的，行政机关应当组织听

行政处罚听证程序中的抗辩权、行政处
用的条件怎样以及行政处罚听证程序中
如何等问题，行政处罚法还有待进一步

程序中抗辩权的概念

程序中抗辩权的概念，法律法规中没有
论界也有失系统、深入之阐释，笔者认
抗辩权，指在行政处罚听证程序中行政
拟作出某种行政处罚决定之前所提出的
的事实依据和法律依据对行政主体进行
在法律上消灭或减轻行政主体对其提出
主体对其提出的不利指控具有合法性或
涵盖正式行政处罚听证程序抗辩权与非
抗辩权两种形态。此概念包括内涵与外
里我们可以从下述诸方面先探讨行政处
念的内涵：

程序中抗辩权的享有主体是行政相对人，
应作广义的理解，包括直接行政相对人
利害相关人）。前者指行政主体行政处罚行
其权益受到行政处罚行为的直接影响，如
等；相反，后者指行政主体行政处罚行为
权益受到行政处罚行为的间接影响，如治
人行为侵害的人等。

政处罚听证程序抗辩权的时间必须是行政
处罚决定之前，因为对于行政主体已经作
定，如果相对人认为违法或明显不当，可
如行使行政程序抵抗权或申请行政复议权

或提起行政诉讼权。

3. 行政相对人在行政处罚听证程序中所抗辩的对象主体的不利指控，此处的“不利指控”指行政主体拟作行政处罚决定的事实、理由和依据。如《行政处罚法》规定：“行政机关在作出行政处罚决定之前，应当告知当出行政处罚决定的事实、理由及依据，并告知当事人依的权利。”展言之，行政相对人在行政处罚听证程序中所对象为行政主体拟作出行政处罚决定的理由（此处的理义的，涉含行政处罚决定的事实、理由及依据），可以分性理由和正当性理由。前者用于说明行政处罚决定合法据，如事实材料、法律规范；后者用于说明行政处罚决裁量权的依据，如政策形势、公共利益、惯例、公理等。

4. 行政处罚听证程序抗辩权的内容包括辩解权、质及反驳权三项子权利。行政处罚听证程序辩解权是指在罚听证程序中行政相对人为维护自己的合法或正当权益行政主体在作出某种行政处罚决定之前所提出的不利指法律允许的范围内进行申辩和解释的权利；行政处罚听质证权是指在行政处罚听证程序中，行政相对人针对行政拟作出某种行政处罚决定所提供的证据通过辨认、质疑等方式证明证据效力的权利；行政处罚听证程序反驳权行政处罚听证程序中，行政相对人针对行政主体拟作出定所提供的依据予以驳斥的权利。

5. 相对人行政处罚听证程序抗辩权存在的目的，旨上减轻或消灭行政主体在作出某种行政处罚决定之前对的不利指控或促使行政主体对其提出的不利指控具有合正当性。

行政处罚听证程序抗辩权的外延涵盖正式行政处罚

序抗辩权与非正式行政处罚听证程序抗辩权两种形态，此乃以行政处罚听证程序抗辩权所运行的程序是否正式、严格为标准所作的划分。正式行政处罚听证程序抗辩权指行政相对人因行政主体拟作出的处罚决定对其合法利益将产生严重影响而在正式行政处罚听证程序中予以辩解、质证及反驳的权利。譬如，《行政处罚法》第42条规定："行政机关作出责令停产停业、吊销许可证或者执照、较大数额罚款等行政处罚决定之前，应当告知当事人有要求举行听证的权利；当事人要求听证的，行政机关应当组织听证……" 非正式行政处罚听证程序抗辩权指行政相对人因行政主体拟作出的处罚决定对其合法利益将产生的影响较小而在非正式行政处罚听证程序中予以辩解、质证及反驳的权利。如《行政处罚法》第33条规定的行政处罚简易程序："违法事实确凿并有法定依据，对公民处以50元以下、对法人或者其他组织处以1000元以下罚款或者警告的行政处罚的，可以当场作出行政处罚决定……"

为了更好地理解与把握行政处罚听证程序抗辩权的概念，我们有必要对行政处罚听证程序抗辩权与行政处罚听证程序听证权、行政处罚程序拒绝权予以区分。首先，听证，是指一方主体作出对对方主体权利产生不利影响的决定时，应当听取对方主体的意见。如圣经中提到上帝当初在作出决定惩罚亚当之前就听取了亚当的辩护，上帝说："亚当，你在哪里？难道你没有偷吃我诫令你不能偷吃的那棵树上的果子吗？"[1]因此，行政处罚听证程序听证权，指行政相对人在行政主体在作出某种处罚决定之前，要求行政主体听取其辩解、质证以及反驳的权利。显然，行政处罚听证程序抗辩权与行政处罚听证程序听证权是

[1] [英] 韦德著，徐炳等译：《行政法》，中国大百科全书出版社1997年版，第135页。

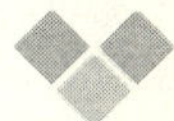

行政处罚听证程序两种相辅相成的权利，没有前者，后者就将无的放矢；没有后者，前者将无法保障。其次，行政处罚程序拒绝权，指行政相对人对行政主体不使用合法有效收据进行罚没财物处罚所享有的抵制处罚的权利。《行政处罚法》第 49 条规定："行政机关及其执法人员当场收缴罚款的，必须向当事人出具省、自治区、直辖市财政部门统一制发的罚款收据；不出具财政部门统一制发的罚款收据的，当事人有权拒绝缴纳罚款。"据此，行政处罚听证程序抗辩权与行政处罚程序拒绝权至少有两个方面的区别：一是两者所针对的对象不同，前者所针对的是行政主体拟作出某种行政处罚决定的事实、理由和依据，后者所针对的是行政主体已作出的罚款和没收财物的处罚；二是两者行使的时间不同，前者发生于行政处罚听证程序中，且最终的行政处罚决定还未完成，后者发生于行政处罚决定作出之后实施完毕之前。

（二）行政处罚听证程序中抗辩权适用的条件

由于行政处罚听证程序抗辩权划分为正式行政处罚听证程序抗辩权与非正式行政处罚听证程序抗辩权两种形态，故而，行政处罚听证程序抗辩权适用的条件相应地也展现为两种情形。我们可以从形式与内容两个向度来探讨正式行政处罚听证程序抗辩权与非正式行政处罚听证程序抗辩权的适用条件，其中，正式行政处罚听证程序抗辩权的适用条件要求：一是在形式上必须运行于正式行政处罚听证程序中，此程序的特点要求举行听证会，相对人的抗辩以口头表达进行，类似于司法程序；二是在内容上必须是行政主体拟作出的行政处罚决定将对行政相对人产生严重的不利影响。相反，非正式行政处罚听证程序抗辩权的适用条件要求：一是在形式上只能运行于非正式行政处罚听证程序中，此程序的特点是不要求举行听证会，相对人的抗辩既能够以口头表达又能够以书面表达进行；二是在内容上仅要求行政主体拟作出的行政处罚决定将对行政相对人产生较小的不利影响即可。鉴于非正式行政处罚听证程序抗辩权的适用条件简单易懂，这里笔者着力对正式行政处罚听证程序抗辩权的适用条件予以进一步阐明。

关于正式行政处罚听证程序抗辩权的适用条件，我国行政处罚法已有规定，如《行政处罚法》第42条规定："行政机关作出责令停产停业、吊销许可证或者执照、较大数额罚款等行政处罚决定之前，应当告知当事人有要求举行听证的权利；当事人要求听证的，行政机关应当组织听证……"但对于这一规定究竟如何理解才是理性、科学合理的？无论理论界还是实务部门皆争议颇多，从而导致此规定的具体适用也不完全一致。因此，为了合理把握好正式行政处罚听证程序抗辩权的适用条件，有必要对此规定予以较为详尽的分析。

1. 对于"责令停产停业、吊销许可证或者执照"的规定应适用于正式行政处罚听证程序抗辩权，学界与实践部门都没有争议。一方面此处罚只有法律、行政法规有权设定；另一方面此类行政处罚较重，直接影响行政相对人的生产经营和生活，关系着行政相对人的重大切身利益，因此，适用正式行政处罚听证程序抗辩权，能有效地保障行政相对人的合法权益，防止行政机关违法或不当行使职权。

2. 对于"较大数额的罚款"的规定，毋庸置疑，较大数额的罚款，是一种较重的行政处罚，应适用于正式行政处罚听证程序抗辩权。但"较大数额"是一个不确定概念，具体适用时如何把握其标准，又是一个颇为棘手的问题。

据实证考察，目前行政主体对应当适用正式行政处罚听证程序抗辩权的较大数额罚款的确定主要有三种方法：其一，以行

政相对人违法行为发生的不同领域来确定较大数额的罚款。如上海市人民政府规定：对非经营活动中的违法行为处以1000元罚款，对经营活动中的违法行为处以30 000元以上的罚款，相对人有权行使正式行政处罚听证程序抗辩权。[1]其二，以行政相对人违法行为的不同主体来确定较大数额的罚款。如北京市人民政府规定，对公民处以超1000元的罚款，对法人或者其他组织处以超过3000元的罚款，相对人有权行使正式行政处罚听证程序抗辩权。[2]其三，不直接规定罚款的具体数额，而是指定由特定行政主体确定较大数额罚款。如浙江省人民政府规定，较大数额罚款由省人民政府各行政主管部门根据必要和度的原则拟定，报省人民政府法制局审核确定并公布。国务院有关部委、直属机构已依法作了规定的，可从其规定。[3]显然，这三种方法各有其可取之处，但随着社会的进步与经济的增长，罚款的数额必然有所变化，因此，确定可正式抗辩的较大数额的罚款应当设定一个统一的、合理的计算标准。如采取以超过法定最高罚款额的一定比例确定标准，同时确定一个最低限额的方式。如公安机关对赌博行为的法定最高罚款额是3000元，那么处以1500元以上的罚款就属于较大数额的罚款，这样既有较强的可操作性又能维护法律的稳定性与权威性。

3. 如何正确理解行政处罚法规定的“较大数额的罚款等”中的“等”字，是“等”内还是“等”外，这也在理论界与实

---

〔1〕 参见《上海市行政处罚听证程序试行规定》第2条；《杭州市行政处罚听证程序实施规定》第2条也有类似规定。

〔2〕 参见《北京市行政处罚听证实施办法》第2条。《工商行政管理机关行政处罚听证暂行规则》（国家工商行政管理局第59号令公布）第6条和《浙江省交通行政处罚听证程序暂行规定》第3条也有类似的规定。

〔3〕 参见《浙江省行政处罚听证程序实施办法》第2条。《劳动行政处罚听证程序规定》（劳动部第2号令公布）第3条也有类似的规定。

务界大有争议。就全国各地的地方政府制定行政处罚听证程序的规章而言，大多数地方政府采用“等”内说，如 1996 年 12 月 2 日杭州市人民政府令 106 号：《杭州市行政处罚听证程序实施规定》、1997 年 5 月 13 日浙江省人民政府令 83 号：《浙江省行政处罚听证程序实施办法》等。只有少数地方政府规章是采用“等”外说。笔者赞成“等”外说，因为适用正式行政处罚听证程序抗辩权的重要条件之一是在内容上行政主体拟作出的行政处罚决定将对行政相对人产生严重的不利影响即可，而较大数额的没收违法所得、没收非法财物以及限制人身自由的行政处罚决定，如行政拘留显然可能对相对人的合法权益产生严重的不利影响，对此，都应当适用正式行政处罚听证程序抗辩权。

令人欣慰的是，司法实践中已有极少数司法部门认为对行政主体较大数额的没收违法所得应当保障相对人正式行政处罚听证程序抗辩权的行使。譬如，2005 年 3 月 8 日，苏州市沧浪区人民法院以苏州市工商局对当地的东丰公司所作出的没收违法所得 68 万余元的行政处罚没有告知东丰公司有行使正式行政处罚听证程序抗辩权的权利，违反了法律规定，属程序违法为由，判决予以撤销。该案的基本案情是，苏州市的东丰公司从 2003 年 3 月开始与上海市两公司签订加工合同，为该两公司加工生产男女系列服装。但在合同履行过程中，东丰公司将两公司提供的上海产地标识佩挂在服装上。苏州市工商局于 2004 年 9 月在执法调查时发现了此问题并于 2004 年 9 月 13 日向东丰公司发出行政处罚告知书，告知其有陈述和申辩的权利（这里的申辩的权利，指相对人的非正式行政处罚听证程序抗辩权），东丰公司也提交了书面申辩意见。苏州市工商局遂于同年 9 月 20 日作出行政处罚决定，认定该公司因生产伪造产地的服装获取

加工费价税合计80万元，扣除税款后为68万元，遂作出没收其违法所得68万元的行政处罚决定。东丰公司在缴纳了该款项之后，向苏州市沧浪区人民法院提起了行政诉讼。苏州市沧浪区人民法院经审理认为，没收违法所得的数额较大，且对原告的利益产生重大影响，而在作出处罚前工商部门没有告知东丰公司有权行使正式行政处罚听证程序抗辩权，违反了法律规定，属程序违法，依法应予撤销。[1]

至于行政主体拟作出的行政拘留等限制人身自由的不利决定更应赋予相对人有权行使正式行政处罚听证程序抗辩权，因为世界各国的法律都有这样一种理念，即人身权优先于财产权，但我国行政处罚法却明显地忽视了这一重要问题，仅将相对人的财产权予以明文规定。如《行政处罚法》第42条第2款规定："当事人对限制人身自由的行政处罚有异议的，依照治安管理处罚法有关规定执行。"而《治安管理处罚法》中仅规定不服行政拘留裁决的可以向上级公安机关申请复议或提起行政诉讼，因而相对人正式行政处罚听证程序抗辩权的行使成为泡影。众所周知，行政拘留涉及的是相对人的人身自由权，而人身自由权是当代各国宪法中普遍明确的最基本的人权，也是各国法律着力保护的权利内容之一。我国宪法中已规定了尊重和保障人权的内容。因此，笔者认为在《行政处罚法》的修订时，必须加入一条，即行政主体在作出对相对人的行政拘留等人身自由的处罚之前应当保障相对人的正式行政处罚听证程序抗辩权的行使。

（三）行政处罚听证程序中抗辩权的运行

行政处罚听证程序中抗辩权的运行展现为正式行政处罚听证程序中抗辩权的运行与非正式行政处罚听证程序中抗辩权的

〔1〕参见沈福俊："立法本意与行政执法实践的冲突与协调——以行政处罚听证范围的理解与适用为分析对象"，载《法商研究》2007年第6期。

运行两种情形，由于非正式行政处罚听证程序中抗辩权的运行较为简单易懂，此处我们仅就正式行政处罚听证程序中抗辩权的运行作一系统且深入的探讨。关于正式行政处罚听证程序中抗辩权的完整运行过程，我国行政处罚法已作了些许规定，如《行政处罚法》第 42 条规定，听证依照以下程序组织：其一，当事人要求听证的，应当在行政机关告知后的 3 日内提出；其二，行政机关应当在听证的 7 日前，通知当事人举行听证的时间、地点；其三，除涉及国家秘密、商业秘密或者个人隐私外，听证公开举行；其四，听证由行政机关指定的非本案调查人员主持，当事人认为主持人与本案有直接利害关系的，有权申请回避；其五，举行听证时，调查人员提出当事人违法的事实、证据和行政处罚建议；当事人进申辩和质证；其六，听证应当制作笔录，笔录应当交当事人审核无误后签字或者盖章。当事人对限制人身自由的行政处罚有异议的，依照治安管理处罚条例有关规定。显然，行政处罚法的上述规定对相对人的正式行政处罚听证程序中抗辩权保障有一定的积极意义，但仍显得过于粗略，如对听证主持人权力与责任、举行听证的具体过程以及听证笔录的法律效力等未作出科学合理及明确的规定，从而既不利于相对人的正式行政处罚听证程序中抗辩权的有效运行，也不利于相对人的正式行政处罚听证程序中抗辩权的充分保障。有鉴于此，笔者拟从行政处罚听证程序抗辩权运行的事前阶段、行政处罚听证程序抗辩权运行的事中阶段以及行政处罚听证程序抗辩权运行的事后阶段三个层面对行政处罚听证程序抗辩权运行予以较为全面的分析，力促我国行政处罚法中的正式行政处罚听证程序的进一步完善与发展。

1. 行政处罚听证程序中抗辩权运行的事前阶段。这一阶段主要包括行政机关告知当事人有要求听证的权利、当事人申请

听证、行政机关的审查与受理、行政机关送达听证通知书、行政机关选任或指定听证主持人、行政机关告知当事人有对听证主持人申请回避的权利、当事人的代理听证等诸事项。

（1）行政机关告知当事人有要求听证的权利。关于正式行政处罚听证程序中抗辩权的运行，我国行政处罚法首先规定了行政机关作出责令停产停业、吊销许可证或者执照、较大数额罚款等行政处罚决定之前，应当告知当事人有要求听证 的权利。我国学者章剑生认为：“抗辩权是以获得通知权利为前提的。获得通知权利的实现可以使行政相对人了解行政主体对其作出不利决定的依据，从而使行政相对人可以找到反驳的目标。如果行政主体没有将作出不利决定的依据通知给行政相对人，行政相对人的抗辩权就会因此而丧失抗辩对象。”〔1〕无疑，行政告知的意义非凡。但行政处罚法对于行政机关如何具体告知当事人有要求听证的权利，无展开说明。对此，我们可以从告知的形式与内容两个方面进行探讨。关于告知形式，行政机关原则上应以书面的形式告知当事人有正式听证或抗辩的权利；特殊情况下可以通过口头甚至公告关于告知形式，行政机关原则上应以书面的形式告知当事人有正式听证或抗辩的权利；特殊情况下行政机关可以通过口头甚至公告形式告知当事人。就告知内容而言，首先，行政机关应告知相对人违法事实及其证据、拟制的行政处罚决定及其事实根据和法律依据以及自由裁量的主要因素。“自由裁量权是指在法律规定的条件下，行政机关根据其合理的判断，决定作为或不作为，以及如何作为的权力。”〔2〕行政机关体告知了相对人自由裁量的主要因素，行政相对人就

〔1〕 章剑生：“论行政相对人在行政程序中的参与权”，载胡建淼主编：《公法研究》，商务印书馆2004 年版。

〔2〕 罗豪才主编：《行政法学》，北京大学出版社1996 年版，第102 页。

可以判断其是否正当，进而提出自己的抗辩意见。其次，行政机关还应告知相对人提出听证的合理期限、方式及受理机关。

（2）当事人申请听证。行政机关拟作出行政处罚决定之前告知相对人有正式听证或抗辩的权利之后，相对人要求听证的，应当在行政机关告知后合理的期限内（行政处罚法规定应在行政机关告知后3日内）提出书面申请。申请的书面形式包括信函、电报、电传、传真、电子数据交换和电子邮件等。

（3）行政机关的审查与受理。当事人向特定的行政机关提出正式听证或抗辩的书面申请后，行政机关就应对当事人的书面申请予以审查，审查的事项涉及申请人的主体资格、申请的期限以及申请的事项是否在听证范围内与是否属于自己管辖等。特定的行政机关对当事人的书面申请审查完毕，如各项要求符合受理条件，则行政机关应在规定的期限内做出书面受理通知。

（4）行政机关送达听证通知书。行政机关受理相对人的申请后，应在举行听证的前7日对相对人送达听证通知书。听证通知书的主要内容包括听证的时间地点及相关注意事项等。

（5）行政机关选任或指定听证主持人。从世界各国的情况来看，听证主持人的选任或指定主要有两种做法：一是美国的行政法官制，此制度能较好地保障主持人的中立性，因为行政法官是行政机关内专门主持听证的官员，在一定程度上独立于所在的行政机关；二是由行政机关的首长或其指定的人员担任。除美国以外的其他国家和地区，基本上是由行政机关的长官或从行政机关所属的职员中指定的工作人员担任。如我国的行政处罚法规定："听证由行政机关指定的非本案调查人员主持。"但此规定还存在诸多局限，亟需完善。首先，听证主持人的选任有失中立性。唯有中立才能做出公正的决定。而中立又以主持人的独立为前提条件，特别是要独立于行政机关。只有不受

行政机关首长的干涉独立执行职务才能真正确保主持人公正做出决定。而我国的行政处罚听证主持人基本由行政机关内部工作人员担任，他可能已经参与了案情的分析或者参加了处罚建议的讨论，如果听证案件仍然由这些人主持，显然有悖于行政公正。因此，我们建议进行部门分离以真正保障听证主持人独立的法律地位。其次，听证主持人缺乏专业性。作为一个合格的听证主持人，不仅应具有较高的政治素养，而且应具有较强的业务能力，如深谙法律理论、有丰富的法律实践经验等。但行政处罚法目前对主持人的专业性规定不多，也缺乏培训制度，导致实践中诸多当事人怨声载道的情形。因此，国家必须下大力气对听证主持人进行有针对性的培训。再次，行政处罚法应明确规定听证主持人自己的权限与职责。如学界争议较大的是听证主持人能否行使最终的处罚决定权？如果不能行使最终的处罚决定权，但可以提出具体的听证处理意见，而行政机关负责人是否应当受此意见拘束再作出决定？

此外，听证是否要组成 3 人的合议庭行政处罚法也没有明确规定，学界也争议颇多。但很多行政机关的听证规则规定，听证由行政机关非本案调查人员 1～3 人组成。有学者认为为了提高行政效率，听证应由一个人主持，因为“行政处罚法借用司法庭审的某些方式设立听证制度，目的是为了行政处罚更加公正，但不能不考虑行政程序的特殊性而照搬诉讼审判模式。行政处罚中的听证就本质而言，它是行政机关的一种特别调查手段，与法院的庭审具有本质的区别。主持听证的人在听证结束后不能对案件作出处理决定，而只能提出处理的建议”[1]。笔者以为，此观点较为科学合理。

---

〔1〕 章剑生：《行政听证制度研究》，浙江大学出版社 2010 年版，第 127～128 页。

（6）行政机关告知当事人有对听证主持人申请回避的权利。行政机关选任或指定了合适的听证主持人后，还应告知当事人有对听证主持人申请回避的权利。“任何人都不得在与自己有关的案件中担任法官。”这是英美法系自然公正原则的精髓。我国行政处罚法在正式听证程序中虽然规定了当事人有权申请回避的前提是认为主持人与本案有直接利害关系，但还不太全面，因为回避的事由至少应包括“偏私”和“利害关系”两种情形，对于前者，我国著名行政法学者王名扬认为听证主持人或案件裁决者对当事人的一方或其所属团体有偏爱或憎恶。[1]美国行政学者 K. C. 戴维斯也曾经指出程序活动中的偏私可能有三种情形：①对法律和政策理解上的某种偏好；②对特定情况下事实认定的偏好；③对特定当事人的偏爱。[2]后者指“案件处理的结果会影响到负责处理案件的行政机关工作人员的金钱、名誉、友情、亲情等增加或减损”[3]。

（7）当事人的代理听证。我国行政处罚法在正式听证程序中规定了当事人可以委托1～2人代理听证，但对于委托什么样的人做代理最佳以及听证代理人的代理权的法律保障问题还未予以说明。笔者认为，首先，当事人应当优先选择律师做代理。英美有句法律谚语是，“有律师的地方最安全”。因为律师具有丰富的法律知识和办案经验，不仅能较好地维护当事人的合法利益，而且还能促使行政机关依法处罚，从而减轻行政复议机关和人民法院的工作负担，节约社会成本。其次，行政处罚法应对听证代理人

〔1〕 参见王名扬：《美国行政法》（上册），中国法制出版社1995年版，第461页。

〔2〕 转引自王锡锌：“行政过程中相对人程序性权利研究”，载《中国法学》2001年第4期。

〔3〕 姜明安主编：《行政法与行政诉讼法》，北京大学出版社、高等教育出版社2007年版，第381页。

的代理权有切实的保障，如代理人对行政机关拟作出行政处罚决定的事实、理由及依据有查阅卷宗、达成取证的权利。

2. 行政处罚听证程序中抗辩权运行的事中阶段。我国《行政处罚法》第42条第1款第6项规定："举行听证时，调查人员提出当事人违法的事实、证据和行政处罚建议；当事人进行申辩和质证。"这就是行政处罚听证程序中抗辩权运行的事中阶段的法律依据。显然，此规定过于简单，在实践中难于操作。对于行政处罚听证程序中抗辩权运行的完整的事中阶段主要应包括主持人宣布听证程序开始、核对出席听证人员的身份、告知听证参加人员的的权利和义务（尤其是当事人不得单方面与听证主持人接触）、调查人员提出当事人违法的事实、证据和行政处罚建议、当事人及其代理人进行申辩和质证、双方就主要证据、事实进行相互辩论及听证参加人各方作最后陈述等事项。这里我们着重探讨一下调查人员与当事人的举证责任以及质证问题。

举证责任是指当事人对自己提出的诉讼请求所依据的事实或者反驳对方诉讼请求所依据的事实有责任提供证据加以证明，否则，由负有举证责任的当事人承担不利后果。[1]我国行政处罚法在正式听证程序中仅规定行政处罚调查人员负担举证责任。这种制度设计并非科学合理，原因在于在听证过程中，调查人员与当事人双方为了证明自己主张的正确，必然要向听证主持人员提供大量的证据，而这种对抗性的主张决定了各自所提供证据的对立性，因此，举证责任在案件调查人员和当事人之间可以多次移转使可定案证据充分显露，行政机关也才可能做出正确的处理决定。[2]一切未向调查人员与当事人显示的证据，不为双方提

〔1〕参见宋春雨："《最高人民法院关于民事诉讼证据的若干规定》的理解与适用（上）"，载http://h.ibaidu.com/zgw006/blog/item/51d57cb5c4d3cecf37d3ca4d.htm.

〔2〕参见陈睿："论行政处罚听证的举证责任"，载《河北法学》1999年第3期。

供机会解释或反驳的证据，不能采取，因此，质证的重要性不言而喻。《湖南省行政程序规定》第71条的规定："作为行政执法决定依据的证据应当查证属实。当事人有权对作为定案依据的证据发表意见，提出异议。未经当事人发表意见的证据不能作为行政执法决定的依据。"但是质证只是达到真实的手段，而不是目的，并非一切有争议的事实，都必须由质证解决。对于可用精密方法界定的事实，纯粹客观机械的事实，以及有一定标准的事实，为了判断事实的真实性和可靠性，其他方法可能比由当事人提出证据和论点的方式更有效。在这种情况下，就不用质证而用其他方法代替。[1]

3. 行政处罚听证程序中抗辩权运行的事后阶段。经过调查人员与当事人质证和辩论后，听证主持人如果认为案件的事实已经基本弄清，证据确凿充分，则主持人可以宣布听证终结，这时就进入到了行政处罚听证程序中抗辩权运行的事后阶段。对于事后阶段，我国行政处罚法的规定过于简单，如仅规定："听证应当制作笔录，笔录应当交当事人审核无误后签字或盖章。"这样导致理论界纷争不断、实务部门的实践操作难于统一。行政处罚听证程序中抗辩权运行的事后阶段至少应解决听证笔录的效力、听证报告的提交等问题。

（1）听证笔录的效力。听证笔录是指听证程序中的书记员在听证过程中对案件调查人员提出的事实、证据和适用听证程序的处罚建议、当事人陈述、申辩及质证和提供的证据等所作的书面记载。听证笔录制作后应交给听证参加人双方同意签字盖章。但究竟听证笔录有无法律效力，行政处罚法语焉不详，即行政处罚法未明确规定，真实、合法、全面的听证笔录，应当作为

〔1〕 参见王名扬：《美国行政法》（上册），中国法制出版社1995年版，第388页。

处罚决定的唯一依据，这实在令人担忧。在尊重人权与崇尚法治的今天，规定听证笔录是行政处罚决定的唯一依据，此乃现代听证制度的本质要求。可喜的是，我国极少数部门规章对此有积极的回应。如劳动部的《劳动行政处罚听证程序规定》第15条规定："听证应当制作笔录。笔录由听证记录员制作。听证笔录在听证结束后，应当立即交当事人审核无误后签字或者盖章。"第16条规定："所有与认定案件主要事实有关的证据都必须在听证中出示，并通过质证和辩论进行认定。劳动行政部门不得以未经听证认定的证据作为行政处罚的依据。"

听证笔录的效力集中体现在案卷排他性原则上。行政法学学者王名扬指出，案卷排他性原则的精义在于行政机关的裁决只能以案卷中的文件和记录作为根据，不能在案卷之外，以当事人所未知悉的和未论证的事实和材料作为根据。[1]此原则的法律依据直接源于1946年的《联邦行政程序法》，该法第556条第5款规定，证言、物证，连同裁决程序中提出的文书和申请书，构成本编第557条规定作为裁决依据的唯一案卷。美国联邦首席大法官范德比尔特对此原则曾作过如下精辟的论述："在举行听证的审讯中，行政法庭作裁决时，不得考虑审讯记录之外的任何材料。……若不遵守这一原则，受审讯的权利就毫无价值了。如果裁决人在作裁决时可以置案卷于脑后而不顾，如果他听从别人对法律事实和法律裁决或建议，……那么，在审讯中提交证据，论证其重要性的权利又有什么实际价值呢？"[2]

---

〔1〕 参见王名扬：《美国行政法》（上册），中国法制出版社1995年版，第493页。

〔2〕［美］伯纳德·施瓦茨著，徐炳译：《行政法》，群众出版社1986年版，第328页。

案卷排他性原则的具体要求有两个方面：一是应当遵循非法证据排除规则，“非法性排除要求对来源和形成非法的证据（资料）不得作为诉讼中定案的依据，应该予以剔除。这种非法不仅指违反了程序法，而且也包括违反实体法，同时，亦包含对基本法——宪法的违反”〔1〕。这虽然是针对诉讼程序而言的，但行政处罚程序中也应当排除非法证据，如严重违反法定取证程序收集的证据、不合法主体收集和提供的证据、以偷拍、偷录、窃听等手段获取侵害他人合法权益的证据材料以及以利诱、欺诈、胁迫、暴力等不法手段获取的证据材料等。〔2〕二是禁止行政机关单方面接受证据，因为单方面接受证据无疑剥夺了当事人在正式行政处罚听证程序中的质证权，违反了正当的法律程序。正如施瓦茨教授所说：“用鬼鬼祟祟的行为影响这些官员，就是腐蚀我们的政府制度的核心内容正当程序，公正裁判，诉讼公开、不偏不倚和未受不当影响的裁决。”〔3〕

（2）听证报告的提交。依照我国《行政处罚法》的规定：听证应当制作笔录，然后由行政机关负责人对听证笔录和其他调查结果进行审查并根据不同情况分别作出规定，并未明确赋予听证主持人提交听证报告的权利。世界法治较完备的国家，如美国则规定了听证主持人可以根据听证中认定的事实作出初步决定或者建议性决定。“在整个听证程序过程中，听证主持人不是听任案情自由发展，而是应当积极、主动地把案件的事实查清，正确适用法律。简言之，听证主持人通过组织、主持听证，

〔1〕王利明、江伟、黄松有主编：《中国民事证据的立法研究与应用》，人民法院出版社2000年版，第87页。

〔2〕参见徐继敏：“试论行政处罚证据制度”，载《中国法学》2003年第2期。

〔3〕［美］伯纳德·施瓦茨著，徐炳译：《行政法》，群众出版社1986年版，第330～332页。

使行政处罚的听证制度得到具体而圆满的落实。因此，听证主持人应当在听证结束后，制作听证结论报告，并以此作为作出最后裁决的依据”[1]。笔者认为，应允许听证主持人有根据听证程序认定的事实、证据作出听证报告，而且其内容应当包括听证的案由、听证的时间、地点、案件调查人员提出当事人违法的事实、证据和行政处罚建议、当事人质证情况、申辩理由以及处理意见等。否则，至少会导致两个弊端：一是相对人的程序抗辩权将缺乏有效保障；二是行政主体的行政处罚的合法、正当性必遭到严重质疑。

（3）听证后的补证。关于听证后，行政机关认为证据不足的，是否可以进行补证，行政处罚法也未作明确规定，我们认为可以进行补证，因为在听证程序中，听证主持人并不具有处罚决定权，事实上只是有权作出听证报告。这里关键的问题是对于补充后的证据，行政处罚主体是否应当再启动听证程序进行听证。对此，学者章剑生作出了较为科学合理的回应。他认为：“对于行政机关在听证后补取的证据，如果不改变原先认定的当事人违法行为的性质、拟定的行政处罚种类等实质性问题的，补充证据可以不经过听证而作为定案的依据，但是应当在行政处罚决定书中向当事人作必要的说明；反之，行政机关应当再次举行听证。”[2]

二、行政许可听证程序中的抗辩权

关于行政许可听证程序中的抗辩权，我国行政许可法有所

[1] 郁忠民：“论行政处罚听证主体的若干问题”，载《法学》1998 年第 5 期。

[2] 章剑生：《行政听证制度研究》，浙江大学出版社 2010 年版，第 131 ~ 132 页。

规定，如《行政许可法》第7条规定："公民、法人或者其他组织对行政机关实施行政许可，享有陈述权、申辩权；有权依法申请行政复议或者提起行政诉讼；其合法权益因行政机关违法实施行政许可受到损害的，有权依法要求赔偿。"第36条规定："行政机关对行政许可申请进行审查时，发现行政许可事项直接关系他人重大利益的，应当告知该利害关系人。申请人、利害关系人有权进行陈述和申辩。行政机关应当听取申请人、利害关系人的意见。"此外，还有第46条、第47条规定了正式行政许可听证程序抗辩权。相较于行政处罚听证程序抗辩权，行政许可法对行政许可听证程序抗辩权有关规定有很大的进步，但对于什么是行政许可听证程序中的抗辩权、行政许可听证程序中抗辩权适用的条件怎样以及行政许可听证程序中抗辩权运行的理想状态如何等问题，行政许可法还有待进一步完善与发展。

（一）行政许可听证程序中抗辩权的概念

与行政处罚听证程序中抗辩权的概念一样，关于行政许可听证程序中抗辩权的概念，法律法规中没有明确、完整的规定；理论界也有失系统、深入之阐释，笔者认为行政许可听证程序抗辩权，指在行政许可听证程序中行政相对人针对行政主体在拟作出某种行政许可决定或拟不作出某种行政许可决定之前所提出的对公益或私益的不利指控，依据其掌握的事实依据和法律依据对行政主体进行辩解、质证及反驳，旨在法律上消灭或减轻行政主体对公益或私益提出的不利指控或促使行政主体对公益或私益提出的不利指控具有合法性或正当性的公法性权利，涵盖正式行政许可听证程序抗辩权与非正式许可处罚听证程序抗辩权两种形态。此概念的内涵包括下述诸层面的内容：

1. 行政许可听证程序中抗辩权的享有主体是行政相对人，此处的"行政相对人"的范围相对于行政处罚听证程序抗辩权

的主体而言较为复杂。首先，由于行政许可听证分为正式行政许可听证与非正式行政许可听证，这样行政相对人也就包括正式行政许可听证中的行政相对人与非正式行政许可听证中的行政相对人。其次，由于正式行政许可听证又分为行政主体依职权举行听证与行政主体依申请举行听证，相应地，行政相对人则具体包含依职权举行听证中的行政相对人与依申请举行听证中的行政相对人。再次，依职权举行听证中的行政相对人包括申请行政许可的申请人与不特定利害关系人（以直接维护公益为宗旨）；依申请举行听证中的行政相对人包括申请行政许可的申请人（也是申请行政许可听证的申请人）与特定利害关系人（以直接维护私益为宗旨）。

2. 相对人行使行政许可听证程序抗辩权的时间必须是行政主体拟作出某种行政许可决定或拟不作出某种行政许可决定之前，因为对于行政主体已经作出或已经未作出某种行政许可决定，如果相对人认为违法或明显不当，可以行使事后救济权，如申请行政复议权或行使公益诉讼权或提起行政诉讼权。

3. 行政相对人在行政许可听证程序中所抗辩的对象是行政主体的不利指控，此处的“不利指控”指行政主体拟作出某种行政许可决定或拟不作出某种行政许可决定的事实、理由和依据。为什么行政相对人对行政主体拟作出某种行政许可决定的事实、理由和依据也要予以抗辩呢？因为拟作出的某种行政许可决定如果涉及相关利害关系人，则作为相对人的相关利害关系人为了维护公益或私益有权针对此许可决定进行抗辩。展言之，行政相对人在行政许可听证程序中所抗辩的对象为行政主体拟作出或拟不作出某种行政许可决定的理由（此处的理由指广义的，涉含行政许可决定的事实、理由及依据），可以分为合法性理由和正当性理由。前者用于说明行政许可决定与否的合法性的依据，如事实材料、法律规范；后者用于说明政许可决定与否的自由裁量权的依据，如政策形势、公共利益、惯例、公理等。

4. 与行政处罚听证程序辩解权类似，行政许可听证程序抗辩权的内容也包括辩解权、质证权以及反驳权三项子权利。行政许可听证程序辩解权是指在行政许可听证程序中行政相对人为维护公益或私益，针对行政主体在作出或不作出某种行政许可决定之前所提出的不利指控，在法律允许的范围内进行申辩和解释的权利；行政许可听证程序质证权是指在行政许可听证程序中，行政相对人针对行政主体拟作出或拟不作出某种行政许可决定所提供的证据通过辨认、质疑及询问等方式证明证据效力的权利；行政许可听证程序反驳权，指在行政许可听证程序中，行政相对人针对行政主体拟作出或拟不作出某种行政许可决定所提供的依据予以驳斥的权利。

5. 相对人行政许可听证程序抗辩权存在的目的，旨在法律上减轻或消灭行政主体在作出或不作出某种行政许可决定之前对公益或私益提出的不利指控或促使行政主体对公益或私益提出的不利指控具有合法性或正当性。

就行政许可听证程序抗辩权的外延而言，其涵盖正式行政许可听证程序抗辩权与非正式行政许可听证程序抗辩权两种形态，此乃以行政许可听证程序抗辩权所运行的程序是否正式、严格为标准所作的划分。正式行政许可听证程序抗辩权指行政相对人因行政主体拟作出或拟不作出的许可决定对公益或私益将可能产生严重影响而在正式行政许可听证程序中予以辩解、质证及反驳的权利。譬如，《行政许可法》第 46 条规定：“法律、法规、规章规定实施行政许可应当听证的事项，或者行政机关认为需要听证的其他涉及公共利益的重大行政许可事项，行政

机关应当向社会公告，并举行听证。”第 47 条规定：“行政许可直接涉及申请人与他人之间重大利益关系的，行政机关在作出行政许可决定前，应当告知申请人、利害关系人享有要求听证的权利；申请人、利害关系人在被告知听证权利之日起 5 日内提出听证申请的，行政机关应当在 20 日内组织听证。”非正式行政许可听证程序抗辩权指行政相对人因行政主体拟作出或拟不作出的许可决定对其合法利益将产生的影响较小而在非正式行政许可听证程序中予以辩解、质证及反驳的权利。如《行政许可法》第 7 条规定：“公民、法人或者其他组织对行政机关实施行政许可，享有陈述权、申辩权……”

（二）行政许可听证程序中抗辩权适用的条件

由于行政许可听证程序抗辩权划分为正式行政许可听证程序抗辩权与非正式行政许可听证程序抗辩权两种形态，故而，行政许可听证程序抗辩权适用的条件相应地也展现为两种情形。我们可以从形式与内容两个向度来探讨正式行政许可听证程序抗辩权与非正式行政许可听证程序抗辩权的适用条件，其中，正式行政许可听证程序抗辩权的适用条件要求：一是在形式上必须运行于正式行政许可听证程序中，此程序的特点要求举行公听会或听证会，相对人的抗辩以口头表达进行，类似于司法程序；二是在内容上必须是行政主体拟作出或拟不作出的行政许可决定将对公共利益或行政相对人的私益产生严重的不利影响。相反，非正式行政许可听证程序抗辩权的适用条件要求：一是在形式上只能运行于非正式行政许可听证程序中，此程序的特点是不要求举行公听会或听证会，相对人的抗辩既能够以口头表达又能够以书面表达进行；二是在内容上仅要求行政主体拟作出或拟不作出的行政处罚决定将对行政相对人产生较小的不利影响即可。鉴于非正式行政许可听证程序抗辩权的适用条件简单易懂，这里笔者着力对正式行政许可听证程序抗辩权的适用条件予以进一步阐明。

关于正式行政许可听证程序抗辩权的适用条件，我国行政许可法已有规定，如《行政许可法》第46条规定："法律、法规、规章规定实施行政许可应当听证的事项，或者行政机关认为需要听证的其他涉及公共利益的重大行政许可事项，行政机关应当向社会公告，并举行听证。"第47条规定："行政许可直接涉及申请人与他人之间重大利益关系的，行政机关在作出行政许可决定前，应当告知申请人、利害关系人享有要求听证的权利；申请人、利害关系人在被告知听证权利之日起5日内提出听证申请的，行政机关应当在20日内组织听证。"显然，我国行政许可法对相对人正式行政许可听证程序抗辩权的适用条件体现在两个方面：一是适用于行政主体依职权启动的正式行政许可听证程序中；二是适用于行政主体依申请启动的正式行政许可听证程序中。但对于这两个方面的适用条件究竟如何理解才是理性、科学合理的？无论理论界还是实务部门皆争议颇多，从而导致其在实践中的具体适用也不完全一致。主要原因在于我国《行政许可法》未采用列明事项的方式而采用"不确定法律概念"昭示行政许可听证适用事项范围的立法技术，加之作为成文法国家，不存在遵循先例的原则，法律中的条文如果不够具体明确，实施起来难以奏效，而在英美等采遵循先例原则的国家，由于有遵循先例的机制，只要新案与陈案事实相同，是否听证、如何听证即可比照先例进行，尽管作为原则的"正当程序"、"自然公正"等比较抽象。[1]因此，为了合理把握好正式行政许可听证程序抗辩权的适用条件，有必要对此两个方面的

〔1〕参见张兴祥："《行政许可法》有关听证规定之反思"，载《上海政法学院学报》2006年第3期。

适用条件予以较为详尽的分析。

1. 相对人正式行政许可听证程序抗辩权适用于行政主体依职权启动的正式行政许可听证程序中。对此，我国《行政许可法》第46条规定："法律、法规、规章规定实施行政许可应当听证的事项，或者行政机关认为需要听证的其他涉及公共利益的重大行政许可事项，行政机关应当向社会公告，并举行听证。"关于此适用条件，我们应当弄清楚行政主体依职权启动正式行政许可听证的总体范围、公共利益的界定、重大公共利益的范围等问题。

（1）根据《行政许可法》第46条的规定，行政主体依职权启动正式行政许可听证的总体范围应该包括两个层面的内容：一是法律、法规、规章规定实施行政许可应当听证的事项；二是行政机关认为需要听证的其他涉及公共利益的重大行政许可事项，应当向社会公告，并举行听证。简言之，凡是涉及公共利益的重大行政许可事项，行政主体都应当依职权启动正式行政许可听证。但有学者认为，行政许可适用听证的情形包括法定听证、职权听证、申请听证三种。[1]在笔者看来，此观点有待商榷，因为法定听证应该是职权听证的内容之一。

（2）关于公共利益的界定，我国《行政许可法》没有做出具体明确的说明；学术界对公共利益的看法也是众说纷纭。如有学者认为，公共利益概念已成为了一个典型的不确定的法律概念，这是由于人们对公共利益包含了对"公共"和"利益"的双重认识，而且由于人们分别对"公共"、"利益"的概念的

〔1〕 参见邢捷主编：《公安执法与行政许可法适用》，群众出版社2003年版，第158页。

认识也存在差异。[1]有学者认为，公共利益这一概念在实体方面具有相对性，理由有三：其一，公共利益的代表主体是多元的，除了最重要的代表主体，即政府外，还包括各种社会自治组织、志愿者组织等；其二，公共利益的政府性代表又具有不同层级性；其三，公共利益自身也具有变动性或性质上的不确定性，因此，公共利益这一概念在实体方面具有相对性。[2]还有学者从比较的视角去分析公共利益，如学者张武扬从五个方面的对比来探讨什么是公共利益：①公共利益是公众的利益，不能简单归结为政府的利益；②公共利益是法定的利益，不属于行政自由裁量的利益；③公共利益是相权衡比较的利益，而不是绝对的利益；④公共利益是政府负有维护责任的利益，而非随意处分的利益；⑤公共利益是直接的实质利益，而不是间接的抽象利益。[3]显然，要给公共利益下一个统一的、大家公认的定义，是非常艰难的。但把握公共利益还是有一定的参考因素的，如当行政许可设定的内容涉及公共安全、人身健康、生命财产安全、生态环境保护等一些具有公共性，而且与人们的身体健康、工作生活息息相关的利益时，可以认定为基于公共利益的需要应当组织听证。[4]

（3）如何把握重大公共利益的范围也是考虑是否组织职权听证的一个问题。我国《行政许可法》对此也没有展开说明。我们认为，重大公共利益的范围界定，至少应把握两个向度：

---

〔1〕参见胡建淼、邢益精："公共利益的法理之维"，载《法学》2004年第10期。

〔2〕参见杨寅："公共利益的程序主义考量"，载《法学》2004年第10期。

〔3〕参见张武扬："公共利益界定的实践性思考"，载《法学》2004年第10期。

〔4〕参见吴爱娟："完善我国行政许可听证制度的思考"，载《江苏警官学院学报》2007年第3期。

一是行政许可的事项的性质是否重大；二是行政许可事项的作出对社会或人们的影响是否重大。学界已有学者对重大公共利益的范围有展开说明，如学者马怀德认为，国家利益、社会组织的安全利益、保护社会资源的利益以及特殊群体的利益等均属于公共利益的重大事项，行政主体对之进行审查时，应当举行行政许可听证。[1]可喜的是，在行政立法领域，我国一些部门规章、地方性规章对此有具体规定，如大连市实施行政许可听证试行规则第四条规定：下列行政许可事项行政机关在作出行政许可决定前，应向社会公告，并举行听证：①城市规划、建设、管理的重大事项；②市政等城市基础设施建设方面的重大事项；③科技、教育、文化、卫生、体育等社会事业中的重大事项；④社会保障和福利方面的重大事项；⑤其他与群众利益密切相关的重大事项等。

2. 相对人正式行政许可听证程序抗辩权适用于行政主体依申请启动的正式行政许可听证程序中。对此，我国《行政许可法》第47条规定：“行政许可直接涉及申请人与他人之间重大利益关系的，行政机关在作出行政许可决定前，应当告知申请人、利害关系人享有要求听证的权利；申请人、利害关系人在被告知听证权利之日起5日内提出听证申请的，行政机关应当在20日内组织听证。”关于此适用条件，我们主要应当弄清楚“他人”的范围以及“重大利益关系”的范围等问题。

首先，关于“他人”的范围，我国《行政许可法》规定的其实是指“利害关系人”，但对于“利害关系人”的范围又有哪些，《行政许可法》无展开说明，从而导致理解与适用的困难。可喜的是，我国一些地方性规章对此有所规定，如《江苏

〔1〕 参见马怀德主编：《中华人民共和国行政许可法释解》，中国法制出版社2003年版，第169页。

省行政许可听证程序暂行规定》第6条规定：利害关系人是指合法权益可能受到行政许可决定重大影响的公民、法人或其他组织；《大连市实施行政许可听证试行规则》第5条规定：利害关系人是指合法权益受到行政许可决定直接影响的单位和个人。笔者十分赞同上述地方性规章对“利害关系人”范围的界定。

其次，关于“重大利益关系”的范围，我国《行政许可法》也无展开说明。国务院法制办公室编写的《中华人民共和国行政许可法》一书对此有较为完整的看法，即“下列行政事项应看作是直接涉及申请人与他人之间重大利益关系的行政许可：多人同时竞争的有数量限制的行政许可，给予申请人行政许可将直接影响其相邻权人、竞争对手甚至消费者重大经济利益、重大环境利益的规划许可、建设用地许可等无数量限制的行政许可。”[1]但对于“多人同时竞争的有数量限制的行政许可”是否涉及申请人与他人之间重大利益关系，还值得商榷，因为“在有数量限制的行政许可中，虽然申请人之间是竞争关系，存在直接的利益关系，甲申请人取得许可，乙申请人便不能取得许可，但申请人之间在申请的过程中，相互间不构成第三人关系。在这个过程中，行政机关通过招标、拍卖程序等法定方式，调整申请人之间的关系和取得许可的优先顺序，确定被许可人，而不必使用听证程序。”[2]

（三）行政许可听证程序中抗辩权的运行

行政许可听证程序中抗辩权的运行展现为正式行政许可听证程序中抗辩权的运行与非正式行政许可听证程序中抗辩权的

〔1〕 国务院法制办公室编：《中华人民共和国行政许可法》，中国法制出版社2007年版，第24页。

〔2〕 许跃辉、张兄来：“论行政许可中的听证制度”，载《国家行政学院学报》2005年第2期。

运行两种情形，由于非正式行政处罚听证程序中抗辩权的运行较为简单易懂，此处我们仅就正式行政许可听证程序中抗辩权的运行作一探讨。关于正式行政许可听证程序中抗辩权的运行过程，我国《行政许可法》第48条已作了如此规定：其一，行政机关应当于举行听证的7日前将举行听证的时间、地点通知申请人、利害关系人，必要时予以公告；其二，听证应当公开举行；其三，行政机关应当指定审查该行政许可申请的工作人员以外的人员为听证主持人，申请人、利害关系人认为主持人与该行政许可事项有直接利害关系的，有权申请回避；其四，举行听证时，审查该行政许可申请的工作人员应当提供审查意见的证据、理由，申请人、利害关系人可以提出证据，并进行申辩和质证；其五，听证应当制作笔录，听证笔录应当交听证参加人确认无误后签字或者盖章。行政机关应当根据听证笔录，作出行政许可决定。显然，行政许可法的上述规定对相对人的正式行政许可听证程序中抗辩权保障有一定的积极意义，且在听证笔录法律效力方面的规定优越于行政处罚法，但仍显得过于粗略，如对听证主持人权力与责任、举行听证的具体过程以及违反听证笔录规定的法律后果等未作出科学合理及明确的规定，从而既不利于相对人的正式行政许可听证程序中抗辩权的有效运行，也不利于相对人的正式行政许可听证程序中抗辩权的充分保障。有鉴于此，笔者拟从行政许可听证程序抗辩权运行的事前阶段、行政许可听证程序抗辩权运行的事中阶段以及行政许可听证程序抗辩权运行的事后阶段三个层面对行政许可听证程序抗辩权运行予以较为全面的分析，力促我国行政许可法中的正式行政许可听证程序的进一步完善与发展。

1. 行政许可听证程序中抗辩权运行的事前阶段。这一阶段主要包括行政机关通过公告使不特定利害关系人申请参加听证会、行政机关告知特定的申请人、利害关系人有要求听证的权利、特定的申请人、利害关系人申请听证、行政机关的审查与受理、行政机关送达听证通知书、行政机关选任或指定听证主持人、行政机关告知相对人有对听证主持人申请回避的权利、相对人的代理听证等诸事项。

（1）行政机关通过公告使不特定利害关系人申请参加听证会。这主要是针对行政机关拟作出某种行政许可之前因公共利益而依职权举行的听证会。公告的基本要求包括公告的内容、时间、地点以及听证会代表产生办法，其中公告的内容应涉及举行听证会的具体事项、时间以及申请参加听证会的条件与程序等。

（2）行政机关告知特定的申请人、利害关系人有要求听证的权利。这适用于行政机关拟作出某种行政许可之前因涉及他人重大利益而依申请举行的听证会。告知的基本要求包括告知的形式、内容及时间，其中告知的内容应涉及行使听证权或抗辩权的依据、方式、时间及地点等。

（3）特定的申请人、利害关系人申请听证。特定的申请人、利害关系人申请听证应在听证告知书规定的期间内向指定的机关申请听证，否则，听证权或抗辩权的行使会遭阻碍。

（4）行政机关的审查与受理。受理机关应在收到特定的申请人、利害关系人申请书的合理时间内对申请书进行形式审查，作出是否受理的决定。

（5）行政机关送达听证通知书。当受理机关经审查认为申请人、利害关系人的申请书符合法定要求后，应在法定的时间内送达听证通知书。如我国《行政许可法》第 48 条第 1 款第 1 项规定："行政机关应当于举行听证的 7 日前将举行听证的时间、地点通知申请人、利害关系人，必要时予以公告。"行政许

可听证通知的内容应包括听证事由、听证时间、地点以及听证将涉及的事实问题和法律问题等。

（6）行政机关选任或指定听证主持人。国内有学者认为："行政许可听证主持人是负责许可听证程序的具体运用、调节、控制并作出听证决策的相对独立的人员。他是整个听证程序的灵魂，在行政许可听证中居于主导和核心地位，扮演着裁判者的关键性角色。其地位和活动决定着程序是否公正以及行政许可的合法与公正。"[1]因此，对行政许可听证主持人的科学、合理的选任至关重要。对此，我们应解决两个问题：一是行政许可听证主持人选任的来源；二是行政许可听证主持人选任的条件。关于行政许可听证主持人选任的来源，我国《行政许可法》第48条第1款第3项规定："行政机关应当指定审查该行政许可申请的工作人员以外的人员为听证主持人……"这一规定仍存在一定的缺憾，如没有明确规定行政许可听证主持人到底是行政机关人员还是非行政机关人员。为了真正促使听证主持人的公正性，笔者认为，行政许可法应借鉴美国行政法官制度，规定我国行政许可听证主持人来源于非行政机关人员。至于行政许可听证主持人选任的条件，我国《行政许可法》未作明确说明，我们认为，主要可从四个方面予以规定：其一，听证主持人应对听证所涉及的有关法律知识十分熟悉和运用自如；其二，听证主持人应对听证案件所涉及的业务，如对一些技术性的术语、概念应有总体的了解；其三，听证主持人应具备较强的综合判断力、严谨的逻辑思维能力以及较好的语言表达能力；其四，听证主持人应具备良好的思想品德以及客观、公正、公平的良

---

〔1〕 许跃辉、张兄来：《论行政许可中的听证制度》，载《国家行政学院学报》2005年第2期。

好形象。[1]

(7) 行政机关告知相对人有对听证主持人申请回避的权利。我国《行政许可法》第 48 条第 1 款第 3 项规定:"申请人、利害关系人认为主持人与该行政许可事项有直接利害关系的,有权申请回避。"这一规定还处在诸多局限,如关于"利害关系"的准确界定以及回避的具体程序等事项法律没有明确的规定。因此,未来法律的完善应"利害关系"是情形予以展开说明以及对回避的方式、程序等也应有明确的规定。

(8) 相对人的代理听证。为了有效保障相对人的听证权或抗辩权的行使,法律应规定相对人有委托代理听证或抗辩的权利。但遗憾的是,我国行政许可法关于申请人、利害关系人是否可以委托代理人参加听证未作规定。可喜的是,我国的相关部门规章、地方性规章弥补了这一缺陷,如《海关行政许可听证办法》第 25 条规定:"海关行政许可申请人、利害关系人或者听证参加人可以委托 1 ~2 名代理人代为参加听证……"《江苏省行政许可听证程序暂行规定》第 9 条也规定了,申请人、利害关系人可以委托 1 ~2 名代理人参加听证。鉴于相对人委托代理听证或抗辩的重要性,行政许可法以后的完善应明确规定相对人有委托代理听证或抗辩的权利。

2. 行政许可听证程序中抗辩权运行的事中阶段。我国《行政许可法》第 48 条第 1 款第 4 项规定:"举行听证时,审查该行政许可申请的工作人员应当提供审查意见的证据、理由,申请人、利害关系人可以提出证据,并进行申辩和质证。"这就是行政许可听证程序中抗辩权运行的事中阶段的法律依据。显然,此规定过于笼统、简单,在实践中难于操作。对于行政许可听

---

〔1〕 参见杨洋、杨潇:"中国行政许可听证立法之缺陷及其完善",载《社科纵横》2006 年第 10 期。

证程序中抗辩权运行的完整的事中阶段主要应包括主持人宣布听证程序开始、核对出席听证人员的身份、告知听证参加人员的的权利和义务、审查该行政许可申请的工作人员提出审查意见的证据、理由、相对人提出证据，并进行申辩和质证、双方就主要证据、事实进行相互辩论及听证参加人各方作最后陈述等事项。这里我们着重探讨一下审查行政许可申请的工作人员与相对人的举证责任以及质证问题。

（1）审查行政许可申请的工作人员与相对人的举证责任。这种举证责任适用于两种情形：一是审查行政许可申请的工作人员拟作出某种行政许可时的举证责任，此时举证责任的承担具体展现为审查行政许可申请的工作人员的举证责任、申请人的举证责任、利害关系人的举证责任。审查行政许可申请的工作人员应就拟作出某种行政许可决定时的事实依据与法律依据承担举证责任；申请人应就其对行政机关应当作出准予行政许可的事实依据与法律依据负证明责任以说服行政机关作出批准决定；利害关系人（包括特定利害关系人与非特定利害关系人）应就对行政机关不应当作出准予行政许可的事实依据与法律依据负证明责任以说服行政机关不作出批准决定。二是审查行政许可申请的工作人员拟不予作出某种行政许可时的举证责任，此时举证责任的承担同样具体展现为审查行政许可申请的工作人员的举证责任、申请人的举证责任、利害关系人的举证责任，且具体内容除了审查行政许可申请的工作人员应就拟不予作出某种行政许可决定时的事实依据与法律依据承担举证责任外申请人与利害关系人的举证责任与第一种情形相同。

（2）审查行政许可申请的工作人员与相对人的质证。我国行政许可法仅规定相对人对审查行政许可申请的工作人员所提证据的质证，显然，这对于行政许可听证的有效性有较大的不利。我们认为，行政许可听证程序中的质证应包括两个层面的内容：其一，审查行政许可申请的工作人员与相对人之间的质证，这又可进一步划分为审查行政许可申请的工作人员与申请人之间的质证以及审查行政许可申请的工作人员与利害关系人之间的质证；其二，申请人与利害关系人之间的质证。由于行政机关作出是否行政许可的决定不仅涉及事实认定问题与利益衡量问题还要考虑申请人个人的实际情况以及授予申请人行政许可是否影响甚至侵害其他社会主体的合法权益，故而，与行政许可事项有关的利害关系人有权利也有义务和申请人质证。[1]

3. 行政许可听证程序中抗辩权运行的事后阶段。经过审查行政许可申请的工作人员与相对人的质证和辩论后，听证主持人如果认为案件的事实已经基本弄清，证据确凿充分，则主持人可以宣布听证终结，这时就进入到了行政许可听证程序中抗辩权运行的事后阶段。对于事后阶段，主要包括听证主持人制作听证笔录、听证报告以及行政机关根据听证笔录与听证报告作出是否许可的正式决定等程序，然而，我国《行政许可法》的规定过于简单，如仅规定，听证应当制作笔录，笔录应当交听证参加人确认无误后签字或盖章。行政机关应当根据听证笔录，作出行政许可决定。此规定的优越性在于明确规定了听证笔录的效力；局限性在于对听证笔录效力的具体表现、听证笔录效力的例外情形以及听证笔录效力的保障未予以明确规定。据此，笔者拟就这些问题作一探讨。

（1）听证笔录效力的具体表现。“行政机关裁决所依据的事实证据必须是当事人知晓并经过辩论的，行政机关不得以当事

〔1〕 参见张兴祥：“《行政许可法》有关听证规定之反思”，载《上海政法学院学报》2006 年第 3 期。

人不知晓和未论证的事实作为裁决的依据”。[1]因此，听证笔录效力的具体表现为排除补充的旧证据与排除补充的未经听证的新证据两种情形。关于排除补充的旧证据的理论依据在于“案卷排他性原则”要求行政许可机关和申请人、利害关系人（包含特定利害关系人与非特定利害关系人）都必须在听证过程中积极举证，而不能故意藏匿或隐瞒证据，否则将承担相应的法律后果。在听证会结束后，行政机关认为证据不足，可依法调查取新的证据，但取得的新证据应当给予相对人质证的机会，即行政机关应把该新证据交给听证主持人，由其告知当事人重新听证，如果允许未经质证的证据作为作出行政决定的依据，则行政机关完全可以让听证程序流于形式，相对人的程序抗辩权也就失去了意义。[2]对此，许多国家都要求行政机关在听证会后所取得的新证据必须经过新的听证，如德国，倘若在听证结束之后行政机关发现了新的证据，并且新的证据对相对人不利的，应当举行新的听证。[3]故而，听证笔录效力还应的具体表现为排除补充的未经听证的新证据。

（2）听证笔录效力的例外情形。原则上，听证笔录是行政许可机关作出行政许可决定的唯一依据，未经听证会质证的证据不能作为行政决定的依据。但听证笔录的效力还存在例外情形，对此，国内有学者认为，听证笔录效力的重要例外是官方认知原则，即行政机关可以在听证笔录之外，在相对人人所提供的证据以外，利用行政人员的专门知识，认定案件中的某些事

---

〔1〕 刘勉义、蒋勇：《行政听证程序研究与适用》，警官教育出版社 1997 年版，第 211 页。

〔2〕 参见石佑启：“行政听证笔录的法律效力分析”，载《法学》2004 年第 4 期。

〔3〕 参见［德］汉斯·J. 沃尔夫、奥托·巴霍夫、罗尔夫·施托贝尔著，高家伟译：《行政法》，商务印书馆 2002 年版，第 229 页。

实，并以这样认定的事实作为裁决的依据，如根据自然规律可以确定的自然现象，根据史书、年鉴等可靠资料能够查明的事实等。[1]

（3）听证笔录效力的保障。我国行政许可法虽然明确规定：行政机关应根据听证笔录做出行政许可决定，从而使听证笔录成为行政决定的唯一依据，但遗憾的是，行政许可法没有规定行政机关未依据听证笔录作出行政决定的法律后果，这将导致人们对听证笔录的法律效力严重质疑。“如果行政机关可以走形式，接纳堆积如山的证言和书证；如果行政机关可依据未在审讯中出示的材料作裁决，那么厚厚的案卷就成了掩盖真相的假面具，秘密证据就可以推翻长时间的审判”[2]。因此，如果我们要真正做到遵循案卷排他性原则，就应明确规定并切实追究违反该原则的法律责任，使听证笔录的法律效力获得切实的保障。诚如行政法学者石佑启所言：“责任行政是全部行政法产生的基础，是贯穿所有行政法规范的核心和基本精神。如果行政机关不以听证笔录为依据或擅自改变听证笔录的内容而作出行政决定，则相对人可以依法申请行政复议或提起行政诉讼，复议机关或人民法院可以以程序违法为由，撤销行政机关的行政决定。有权机关还应依法追究主管人员和直接责任人员的法律责任。”[3]

[1] 参见孙增芹、王学栋：《论行政许可听证程序之案卷排他性原则》，载《中国石油大学学报》2006 年第 5 期。

[2] [美] 伯纳德·施瓦茨著，徐炳译：《行政法》，群众出版社 1986 年版，第 329 页。

[3] 石佑启：“行政听证笔录的法律效力分析”，载《法学》2004 年第 4 期。

结语　培育行政程序抗辩权意识与实现行政程序抗辩权

本书前面阐明了行政程序抗辩权是现代行政程序中的一种关键的或核心的权利，具有尊重与保障人权、促进法治行政与和谐行政等重大价值，因此，我们必须认真对待行政程序抗辩权，并着力探寻实现行政程序抗辩权的理想之路。对此，笔者在前面已探讨了构建有效的行政程序抗辩权保障与救济制度对实现行政程序抗辩权的必要性，以及关于行政程序抗辩权适用的具体领域的介绍分析，但欲真正实现行政程序抗辩权，还须彰显行政程序抗辩权意识之培育，故而，在本书的结语部分再虑及培育行政程序抗辩权意识对实现行政程序抗辩权的重要性以及如何有效培育行政程序抗辩权意识等问题仍不可或缺。

"在心理学上，意识指的是人所特有的对于客观世界的主观印象，包括感觉、知觉、表象等感性形式和概念、判断、推理以及形象思维等理性形式。权利意识指的是社会主体对权利的认知、情感和意志等的总和"〔1〕。据此，我们可以说，在行政法领域，行政程序抗辩权意识是指行政相对人对在行政程序中所享有或应当享有的行政程序抗辩权的认知、情感和意志等的总和。在崇尚民主与法治的时代，有无行政程序抗辩权意识是判明行政相对人能否成为合格的权利主体，尤其是判明行政相对

〔1〕 杨春福：《权利法哲学研究导论》，南京大学出版社2000年版，第74页。

人中的个人能否成为合格的公民的重要标尺。波兰法学家、心理法学派代表人物彼得拉任斯基曾指出："健康、适当强度的权利意识对一个人产生重要的教育影响，使他成为一个有尊严的'公民'，使他的性格和行为避免由于没有正确的尊严感和自尊发展出来的一些瑕疵。传统上，这些瑕疵被称为'奴性'灵魂。"[1]"一个人只有在他为自己的权利而斗争的时候才能成为一个人格独立的人，也只有这时的人才是一个公民"[2]。"在我们这个时代，让更多的人获享更多的权利，已经成为人类的共同理想"[3]。而获享权利的前提是立法对权利的确认和主体对权利的认知和主张。对公民权利的保障只有当公民意识到其权利应当给予保障时才有可能为立法所确认，也只有当公民主张其权利时才有可能真正实现，因为"权利观念是现实权利形成的主观能动性的表现，它可使法定权利'内化'入个体的个性、自主性，从而'驱动'个人或组织的权利行为"[4]。

行政相对人心存行政程序抗辩权意识对实现行政程序抗辩权的重要价值体现在两个层面：

1. 助益于应然行政程序抗辩权的法定化，行政程序抗辩权作为一种法定权利并非从来就有的，它的生成历经了一段漫长的历史。程序抗辩权最初只适用于司法领域，旨在保障司法公正，维护诉讼当事人的合法权益；后来人们出于对立法是否理

〔1〕 Leon Petrazycki, *Law and Morality*, trans1, H. W. Babb, Cambridge, Mass, 1995, p. 98.

〔2〕 萧瀚："走向公民时代"，载 http://211.100.18.62/research/lgyd/details.asp?lid=3346.

〔3〕 夏勇主编：《走向权利的时代——中国公民权利发展研究》，中国政法大学出版社 2000 年版，第 1 页。

〔4〕 程燎原、王人博：《权利及其救济》，山东人民出版社 1998 年版，第 341 页。

性、正义的担忧，从而促使程序抗辩权适用于立法领域；现代社会由于行政裁量权的存在与广泛扩张，如何既能保障裁量权的充分行使，又能有效制约其滥用，这就成为一个重大且必须予以正视的现实问题。传统行政法对行政权的制约主要采取的是实体控权机制，即“权力制约权力”模式，然而，此种模式对行政权的制约具有自身不可避免的局限性。因此，为了更加有效的制约行政权，激发了人们寻求现代行政程序制约行政权的热情与冲动，最终使程序抗辩权适用于行政领域。由于行政相对人对应然行政程序抗辩权法定化的强烈主张与要求，目前世界大多数国家的法律都有对行政程序抗辩权的规定，在国外，许多国家制定了统一的行政程序法典，并在法典中规定了行政程序抗辩权；我国还没有制定统一的行政程序法典，行政程序抗辩权的规定散见于若干重要的单行法中。随着行政相对人的行政程序抗辩权意识的逐渐增强，行政程序抗辩权的法定化必将不断拓展与深入，如我国 1996 年仅在《行政处罚法》中规定了行政程序抗辩权，并且还有一定的缺失：一是行政程序抗辩权的主体仅规定直接行政相对人；一是行政决定可以不依照正式抗辩笔录作出。后来行政相对人强烈呼吁行政程序抗辩权应适用于其他行政行为的行使中去，而不单指行政处罚行为，并且行政程序抗辩权的主体与效力也应当有所规定，于是 2003 年全国人大常委会通过的《行政许可法》也规定了行政程序抗辩权，并在《行政处罚法》的基础上规定了行政程序抗辩权的主体包括直接行政相对人与间接行政相对人以及行政机关应当依据抗辩笔录，作出行政许可决定。

2. 助益于法定行政程序抗辩权的实然化，应然行政程序抗辩权的法定化是实现行政程序抗辩权的必要条件，而非充分条件，因为如果法定的行政程序抗辩权得不到有效的实施或维护，则行政程序抗辩权的最终实现还只是一种理想的图景。据此，法定的行政程序抗辩权必须予以实然化。同样，法定行政程序抗辩权的实然化离不开行政相对人对实现法定行政程序抗辩权的主张与要求。一方面，行政相对人心存行政程序抗辩权意识，就会在行政程序中主动行使法定的行政程序抗辩权，并告诫或警醒行政主体尊重与保障其抗辩权的行使，从而使法定的行政程序抗辩权实然化；另一方面，行政相对人心存行政程序抗辩权意识，就会对行政主体在行政程序中违法侵犯其抗辩权的行为积极寻求救济途径，如申请行政复议或提起行政诉讼，从而使法定的行政程序抗辩权实然化。

综上所述，基于行政程序抗辩权意识所固有的优良品质，我们完全可以断言，行政程序抗辩权意识是真正实现行政程序抗辩权必然要求或重要条件。然而，我国行政相对人的行政程序抗辩权意识之现状还令人担忧：其一，行政相对人的主体意识不强，对程序抗辩心存畏惧，存在"民怕官"心理，唯恐抗辩遭受不利后果；其二，行政相对人习惯于服从"长官命令"，即使行政主体在拟作出不利决定之前告知其有抗辩的权利，其也不愿抗辩，好像行政活动只是行政主体的事，与己无关；其三，有些行政相对人虽然在行政程序中有抗辩的欲望，但当行政主体违法侵犯其抗辩权时，不愿主动去寻求救济。如在一份"当您的合法权益受到行政机关的不法侵害之后，您觉得应如何办"的问卷调查中，竟然有25%的人回答"忍了算了"〔1〕。

诚然，行政相对人的行政程序抗辩权意识之淡薄有其历史的与现实的缘由。就历史而言，"对于中国古代的权利和权利文化，中外思想家、法律史家和比较法学家有许多较为一致的看

〔1〕［德］鲁道夫·冯·耶林著，胡宝海译："为权利而斗争"，载梁慧星主编：《民商法论丛》（第2卷），法律出版社1994年版，第573页。

法，他们认为：①中国古代权利及权利思想极不发达，既无发达的私权，也无多少个人权利，更谈不上政治自由。与此相伴同，形成了一种轻贱权利的文化观念。②中国古代从未有过人权思想。③中国古代没有权利平等的思想。④中国古代欠缺争取民权和保护权利的意识。⑤中国古代重整体轻个体，存‘公’灭‘私’的伦理文化，也使得中国古代形成了‘义务本位’文化。以上所述，并不表明人们全盘否定中国古代的政治法律文化，而只是意在指出，在这种文化中，我们找寻不到诸如自由、平等、人权、政治权利、人格尊严之类的概念和学说。而这些概念及其学说恰恰是现代权利文化的中心问题”。[1]因此，中国法律传统文化无现代行政程序的“基因”，几千年的封建专制体制剥夺了公民的人格尊严及人格独立，从而使作为防卫的抗辩权丧失了存在的基础。就现实而言，首先，“官贵民贱”的思想观念在权力主体与行政相对人之间还普遍存在。其次，行政程序抗辩权制度还颇为欠缺，我国目前尚未制定统一的行政程序法，行政相对人的程序抗辩权规定主要体现于个别法律、法规及行政规章中，而且现有的规定缺乏程序抗辩权行使的具体保障措施，从而使抗辩流于形式。最后，在实践中，权力主体蔑视或侵犯行政程序抗辩权的情形时有发生。总之，中国现代社会因存在“官贵民贱”的思想观念、行政程序抗辩权制度的残缺以及实践中行政程序抗辩权的屡遭侵犯而使相对人的行政程序抗辩权意识处于微弱、窒息之状。

由于行政程序抗辩权意识之于行政程序抗辩权的真正实现至关重要，因此，我们必须基于妨碍行政程序抗辩权意识生成与发展之因素，努力探求培育行政程序抗辩权意识的道路。

---

〔1〕 程燎原、王人博：《权利及其救济》，山东人民出版社1998年版，第273～274页。

1. 在思想上，必须转变行政主体与行政相对人的陈旧或腐朽的观念。对于行政主体，我们“有必要逐步给行政部门灌输一些新的精神，因为行政部门已表现出某种倾向。它们对历史抱残守缺，始终认为自己是一个实行统治的权力机关，它们对待国家的公民总有点像皇帝对待臣民的味道”〔1〕。在彰显服务行政或法治行政的今天，国家行政权存在是否具有正当性，不能由其自身内容来决定，很大程度上取决于国家是否承认行政相对人具有独立的人格和自主性。据此，行政主体应当意识到：“只有个人在政治国家中的自主性得到承认和保障时，政治（统治）才具备正当性；反之，政治正当性是缺位的。个人在政治国家中的自主性，也即个人对于公共权力的自主性。当个人对于公共权力能居于主动的、积极的态势，能参与和影响公共权力的运行并能作为公共权力运行的价值目标时，这就是实现了个人对于公共权力的自主性。换言之，公共权力在承认并保障个体生命和自由、人格独立和尊严的前提下的运行，构成了政治正当性。”〔2〕因此，行政主体要证成其权力的正当性，必须在行政程序中尊重与保障行政相对人的抗辩权，从而使行政相对人在行政程序上具有独立的人格和自主性。对于行政相对人，“公民们自身必须抛弃那种认为行政事务是公共官员权力范围的事，认为行政官员注定就是来为他们提供服务的，因而公民可以对行政事务不闻不问的陈旧观念”。〔3〕行政相对人必须认识到“为权利而斗争是对自己的义务”、“主张权利是对社会的义

〔1〕［法］勒内·达维著，舒扬等译：《英国法与法国法》，西南政法学院法制史教研室1980年印，第109页。

〔2〕李琦：“论法律上的防卫权——人权角度的观察”，载《中国社会科学》2002年第1期。

〔3〕［法］勒内·达维著，舒扬等译：《英国法与法国法》，西南政法学院法制史教研室1980年印，第110页。

务”、“为国民生活权利而斗争的重要性”,[1]因此，行政主体在拟作出对行政相对人不利决定之前，相对人应积极主动主张抗辩，这一方面是为了能有效维护自身的合法权益；另一方面也是为了促进行政权的合法、正当行使，从而维护公共利益。

2. 在制度上，国家应构建较为切实可行的行政程序抗辩制度，因为即使相对人萌发了主张行政程序抗辩权冲动，但却没有健全的制度作保障，这样只能导致相对人的行政程序抗辩权意识宛如昙花一现。故而，立法必须对行政程序抗辩权行使的范围、方式、内容以及效力等作出明确、具体的规定。

3. 在实践中，一方面，国家必须加强行政程序抗辩权的宣传与教育，让行政程序抗辩权家喻户晓、深入人心，从而不仅使广大人民群众认识到行政程序抗辩权是一种张扬人的主体性、维护人的尊严的权利，而且必将增强广大人民群众捍卫行政程序抗辩权的信心与勇气。另一方面，国家权力在实施法律的过程中必须认真对待行政程序抗辩权。就行政执法而言，行政主体必须尊重行政相对人的主体地位，“政府必须以关怀和尊重的态度对待它统治下的人民。所谓关怀，是指将人民当作会遭受痛苦和挫折的人；所谓尊重，是指将人民看作是能够根据自己的生活观念行动的人”[2]。因此，行政主体在作出不利决定之前必须告知相对人享有抗辩的权利，并且对相对人的抗辩意见应当听取、对正确的抗辩意见应当予以采纳以及不能对行使抗辩权的相对人加重不利决定等，只有这样，行政相对人才敢于抗辩、乐于抗辩。就司法审查而言，法院应使正义得以伸张，当行政相对人的行政程序抗辩权遭到行政主体的违法侵犯时，法

---

〔1〕［德］鲁道夫·冯·耶林著，胡宝海译：“为权利而斗争”，载梁慧星主编：《民商法论丛》（第2卷），法律出版社1994年版，第22～48页。

〔2〕 R. Dwokin, *Taking Right Seriously*, Harvard University Press, 1978, p. 273.

院应给予及时、有效的救济。否则，相对人对司法救济就会失去信任，从而也会抑制其主张行政程序抗辩权的信心，正如斯图亚特法官在 Fumrnav. Gocgrai 一案提出：在一个有序社会，对恶行复仇的方式要求公民依赖法律程序而非私力救济，具有重要意义。但“当人们开始相信有组织的社会不愿意或无能力对刑事罪犯适用其‘该当’的刑罚时，便播下了无政府状态—私力救济、治安维持员的正义与私刑法——一的种子”〔1〕。增理查德修密特也曾言：“我们的国家和我国的法律秩序究竟为那些受轻蔑受侮辱的人们做了些什么？我们能眼睁睁地看着那些最渴望权利保护的人们的权利被剥夺、被压抑而又不能要求保护而袖手旁观吗？正是由于这种压抑程度的不同，使民众根本不可能为权利而斗争。”〔2〕因此，只有司法机关认真对待相对人的行政程序抗辩权，在其遭到侵犯时能予以公正、合理的救济，行政相对人方能在行政程序中昂首挺胸、理直气壮地正视行政主体，并对行政主体的不利决定充满着抗辩的勇气与激情。

〔1〕 Neil vidmar, “Retribution and Revenge”, in Joseph Sanders & V. Lee Hamilton, eds, *Handbook of justice Research in Law*, Kluwer Academic/plenum Publishers, 2001, p. 31 ~63.

〔2〕［日］大木雅夫著，华夏、战宪文武译：《东西方的法观念比较》，北京大学出版社 2004 年版，第 164 页。

参考文献

一、译著

1. ［日］大桥洋一著，吕艳滨译：《行政法学的结构性变革》，中国人民大学出版社 2008 年版。

2. ［英］韦德著，徐炳等译：《行政法》，中国大百科全书出版社 1997 年版。

3. ［美］伯纳德·施瓦茨著，徐炳译：《行政法》，群众出版社 1986 年版。

4. ［英］戴雪著，雷宾南译：《英宪精义》，中国法制出版社 2001 年版。

5. ［德］G. 平特纳著，朱林译：《德国普通行政法》，中国政法大学出版社 1999 年版。

6. ［德］哈特穆特·毛雷尔著，高家伟译：《行政法学总论》，法律出版社 2000 年版。

7. ［德］汉斯·J. 沃尔夫、奥托·巴霍夫、罗尔夫·施托贝尔著，高家伟译：《行政法》（第 2 卷），商务印书馆 2002 年版。

8. ［美］路易斯·亨金著，信春鹰、吴玉章、李林译：《权利的时代》，知识出版社 1997 年版。

9. ［美］路易斯·亨金、阿尔伯特·J. 罗森塔尔编，郑戈、赵晓力、强世功译：《宪政与权利——美国宪法的域外影响》，生活·读书·新知三联出版社 1996 年版。

10. ［美］迈克尔·D. 贝勒斯著，邓海平译：《程序正义——向个人的分配》，高等教育出版社 2005 年版。

11. ［美］罗纳德·德沃金著，信春鹰、吴玉章译：《认真对待权利》，中国大百科全书出版社 1998 年版。

12. ［美］欧内斯特·盖尔霍恩、罗纳德·M. 利文著，黄列译：《行政法和行政程序概要》，中国社会科学出版社 1996 年版。

13. ［美］乔治·弗雷德里克森著，张成福等译：《公共行政的精神》，中国人民大学出版社 2003 年版。

14. ［美］乔·萨托利著，冯克利、阎克文译：《民主新论》，东方出版社 1993 年版。

15. ［美］达尔著，顾昕、朱丹译：《民主理论的前言》，生活·读书·新知三联书店、牛津大学出版社 1999 年版。

16. ［美］戈尔丁著，齐海滨译：《法律哲学》，生活·读书·新知三联书店 1987 年版。

17. ［美］理查德·B. 斯图尔特著，沈岿译：《美国行政法的重构》，商务印书馆 2002 年版。

18. ［美］迈克尔·D. 贝勒斯著，张文显等译：《法律的原则——一个规范的分析》，中国大百科全书出版社 1996 年版。

19. ［奥］凯尔森著，沈宗灵译：《法与国家的一般理论》，中国大百科全书出版社 1996 年版。

20. ［德］哈贝马斯著，童世骏译：《在事实与规范之间——关于法律和民主法治国的商谈理论》，生活·读书·新知三联书店 2003 年版。

21. ［德］尤尔根·哈贝马斯著，曹卫东译：《交往行为理论（第一卷：行为合理性与社会合理化）》，世纪出版集团、上海人民出版社 2004 年版。

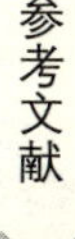

22. ［英］洛克著，瞿菊农、叶启芳译：《政府论》（上篇），商务印书馆 1982 年版。

23. ［英］洛克著，叶启芳、瞿菊农译：《政府论——论政府的真正起源、范围和目的》（下篇），商务印书馆 1964 年版。

24. ［英］丹宁勋爵著，李克强、杨百揆、刘庸安译：《法律的正当程序》，法律出版社 1999 年版。

25. ［英］休谟著，关文运译：《人性论》（上册），商务印书馆 1980 年版。

26. ［英］休谟著，关文运译：《人性论》（下册），商务印书馆 1980 年版。

27. ［美］罗伯特·诺齐克著，何怀宏等译：《无政府、国家与乌托邦》，中国社会科学出版社 1991 年版。

28. ［美］约翰·罗尔斯著，何怀宏、何包钢、廖申白译：《正义论》，中国社会科学出版社 1988 年版。

29. ［美］汉密尔顿、杰伊、麦迪逊著，程逢如、在汉、舒逊译：《联邦党人文集》，商务印书馆 1980 年版。

30. ［美］W. 考夫曼编著，陈鼓应、孟祥森、刘崎译：《存在主义》，商务印书馆 1987 年版。

31. ［苏］尼·布哈林著，李光谟等译：《历史唯物主义理论》，人民出版社 1983 年版。

32. ［英］罗素著，何兆武、李约瑟译：《西方哲学史》（上卷），商务印书馆 1982 年版。

33. ［英］弗里德利希·冯·哈耶克著，邓正来译：《自由秩序原理》（上），生活·读书·新知三联书店 2003 年版。

34. ［英］阿克顿著，侯健、范亚峰译：《自由与权力——阿克顿勋爵论说文集》，商务印书馆 2001 年版。

35. ［英］A. J. M. 米尔恩著，夏勇、张志铭译：《人的权利与人的多样性——人权哲学》，中国大百科全书出版社 1995 年版。

36. ［英］J. C. 亚历山大、邓正来编：《国家与市民社会——一种社会理论的研究路径》，中央编译出版社 2002 年版。

37. ［日］盐野宏著，刘宗德、赖恒盈译：《行政法》，台湾月旦出版公司 1996 年版。

38. ［日］盐野宏著，杨建顺译：《行政法》，法律出版社 1999 年版。

39. ［日］室井力主编，吴微译：《日本现代行政法》，中国政法大学出版社 1995 年版。

40. ［日］谷口安平著，王亚新、刘荣军译：《程序的正义与诉讼》，中国政法大学出版社 1996 年版。

41. ［日］南博方著，杨建顺、周作彩译：《日本行政法》，中国人民大学出版社 1988 年版。

42. ［法］邦雅曼·贡斯当著，阎克文、刘满贵译：《古代人的自由与现代人的自由》，上海世纪出版集团、上海人民出版社 2003 年版。

43. ［法］孟德斯鸠著，张雁深译：《论法的精神》（上册），商务印书馆 1961 年版。

44. ［法］孟德斯鸠著，张雁深译：《论法的精神》（下册），商务印书馆 1961 年版。

二、中文著作

1. 龚祥瑞：《比较宪法与行政法》，法律出版社 1985 年版。

2. 周叶中主编：《宪法》，高等教育出版社、北京大学出版社 2000 年版。

3. 王名扬：《英国行政法》，中国政法大学出版社 1987 年版。

4. 王名扬：《法国行政法》，中国政法大学出版社 1989 年版。

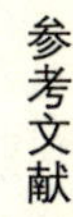

5. 王名扬:《美国行政法》(上、下册),中国法制出版社1995年版。

6. 周佑勇:《行政法基本原则研究》,武汉大学出版社2005年版。

7. 周佑勇:《行政法原论》,中国方正出版社2005年版。

8. 周佑勇:《行政裁量治理研究:一种功能主义的立场》,法律出版社2008年版。

9. 季卫东:《法治秩序的建构》,中国政法大学出版社1999年版。

10. 陈瑞华:《刑事审判原理论》,北京大学出版社1997年版。

11. 孙笑侠:《法律对行政的控制——现代行政法的法理解释》,山东人民出版社1999年版。

12. 孙笑侠:《法的现象与观念》,山东人民出版社2001年版。

13. 孙笑侠:《程序的法理》,商务印书馆2005年版。

14. 宋冰编:《程序、正义与现代化——外国法学家在华演讲录》,中国政法大学出版社1998年版。

15. 杨建顺:《日本行政法通论》,中国法制出版社1998年版。

16. 张正钊、韩大元主编:《比较行政法》,中国人民大学出版社1998年版。

17. 叶必丰:《行政法的人文精神》,湖北人民出版社1999年版。

18. 叶必丰:《行政行为的效力研究》,中国人民大学出版社2002年版。

19. 金伟峰:《无效行政行为研究》,法律出版社2005年版。

20. 杨解君:《行政违法论纲》,东南大学出版社1999年版。

21. 方世荣:《论行政相对人》,中国政法大学出版社2000年版。

22. 张树义：《行政法与行政诉讼法学》，高等教育出版社2002年版。

23. 张树义主编：《行政程序法教程》，中国政法大学出版社2005年版。

24. 朱维究主编：《政府法制监督论——社会主义市场经济体制下的政府监督机制》，中国政法大学出版社1994年版。

25. 王勇飞主编：《中国行政监督机制》，中国方正出版社1998年版。

26. 李娟：《行政法控权理论研究》，北京大学出版社2000年版。

27. 余凌云：《行政自由裁量论》，中国人民公安大学出版社2005年版。

28. 余凌云：《行政契约论》，中国人民大学出版社2006年版。

29. 萧伯符等编著：《公安执法与人权保障》，中国人民公安大学出版社2006年版。

30. 孙琬钟、江必新主编：《行政管理相对人的权益保护》，人民法院出版社2003年版。

31. 徐晨：《权力竞争：控制行政裁量权的制度选择》，中国人民大学出版社2007年版。

32. 朱新力主编：《法治社会与行政裁量的基本准则研究》，法律出版社2007年版。

33. 杨伟东：《行政行为司法审查强度研究——行政审判权纵向范围分析》，中国人民大学出版社2003年版。

34. 罗豪才主编：《行政法学》，中国政法大学出版社1989年版。

35. 罗豪才等著：《软法与公共治理》，北京大学出版社2006年版。

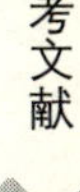

36. 罗豪才主编：《现代行政法的平衡理论》，北京大学出版社 1997 年版。

37. 胡建淼：《行政法学》，法律出版社 1998 年版。

38. 王连昌主编：《行政法学》，中国政法大学出版社 1994 年版。

39. 张千帆、赵娟、黄建军：《比较行政法——体系、制度与过程》，法律出版社 2008 年版。

40. 毛昭晖编著：《公共行政的法律基础（修订版）》，中国人民大学出版社 2005 年版。

41. 湛中乐：《现代行政过程论——法治理念、原则与制度》，北京大学出版社 2005 年版。

42. 湛中乐：《权利保障与权力制约》，法律出版社 2003 年版。

43. 湛中乐：《法治国家与行政法治》，中国政法大学出版社 2002 年版。

44. 宋功德：《行政法哲学》，法律出版社 2000 年版。

45. 姜明安主编：《行政法与行政诉讼法》，北京大学出版社、高等教育出版社 2007 年版。

46. 姜明安主编：《行政执法研究》，北京大学出版社 2004 年版。

47. 姜明安主编：《行政程序研究》，北京大学出版社 2006 年版。

48. 肖金明、冯威主编：《行政执法过程研究》，山东大学出版社 2008 年版。

49. 黄学贤主编：《中国行政程序法的理论与实践——专题研究述评》，中国政法大学出版社 2007 年版。

50. 王万华：《中国行政程序法立法研究》，中国法制出版社 2005 年版。

51. 王万华：《行政程序法研究》，中国法制出版社2000年版。

52. 章剑生：《行政行为说明理由判解》，武汉大学出版社2000年版。

53. 冀祥德：《控辩平等论》，法律出版社2008年版。

54. 廖耘平：《对质权制度研究》，中国人民公安大学出版社2009年版。

55. 关保英：《行政法的私权文化与潜能》，山东人民出版社2003年版。

56. 应松年主编：《行政法学新论》，中国方正出版社1999年版。

57. 应松年主编：《比较行政程序法》，中国法制出版社1999年版。

58. 应松年主编：《外国行政程序法汇编》，中国法制出版社2004年版。

59. 应松年主编：《行政程序法立法研究》，中国法制出版社2001年版。

60. 应松年：《中国走向行政法治探索》，中国方正出版社1998年版。

61. 应松年、杨小君：《法定行政程序实证研究——从司法审查角度的分析》，国家行政学院出版社2005年版。

62. 崔卓兰：《行政程序法要论》，吉林人民出版社1996年版。

63. 汤德宗：《行政程序法论》，台湾元照出版公司2000年版。

64. 杨惠基：《听证程序概论》，上海大学出版社1998年版。

65. 刘勉义：《我国听证程序研究》，中国法制出版社2004年版。

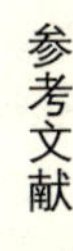

66. 徐亚文:《程序正义论》，山东人民出版社 2005 年版。

67. 杨临宏等：《行政法学新领域问题研究》，云南大学出版社 2006 年版。

68. 张文显主编:《法理学》，法律出版社 1997 年版。

69. 李步云:《走向法治》，湖南人民出版社 1998 年版。

70. 夏勇:《人权概念起源》，中国政法大学出版社 1992 年版。

71. 郑杭生、谷春德主编：《人权史话》，北京出版社 1994 年版。

72. 李林主编：《当代人权理论与实践》，吉林大学出版社 1996 年版。

73. 李云龙:《人权问题概论》，四川人民出版社 1999 年版。

74. 程燎原、王人博：《权利及其救济》，山东人民出版社 1998 年版。

75. 胡锦光、韩大元：《当代人权保障制度》，中国政法大学出版社 1993 年版。

76. 季卫东:《法治秩序的建构》，中国政法大学出版社 1999 年版。

77. 张步洪编著:《中国行政法学前沿问题报告》，中国法制出版社 1999 年版。

78. 俞可平主编:《治理与善治》，社会科学文献出版社 2000 年版。

79. 陈新民:《德国公法学基础理论》（上、下册），山东人民出版社 2001 年版。

80. 陈新民：《中国行政法学原理》，中国政法大学出版社 2002 年版。

81. 林纪东:《行政法》，台湾三民书局 1988 年版。

82. 陈新民：《公法学札记》，台湾三民书局1993年版。

83. 罗传贤：《行政程序法基础理论》，台湾五南图书出版公司1990年版。

84. 城仲模主编：《行政法之一般法律原则》，台湾三民书局1994年版。

85. 城仲模：《行政法之基础理论》，台湾三民书局1994年版。

86. 翁岳生：《法治国家之行政法与司法》，台湾月旦出版公司1997年版。

87. 翁岳生编：《行政法》（上、下册），中国法制出版社2002年版。

88. 翁岳生：《行政法与现代法治国家》，台湾祥新印刷有限公司1989年版。

89. 翁岳生主编：《行政法》，台湾翰芦图书出版有限公司1998年版。

90. 吴庚：《行政法之理论与实用》，台湾三民书局1996年版。

91. 胡锦光、刘飞宇：《行政处罚听证程序研究》，法律出版社2004年版。

92. 章剑生：《行政听证制度研究》，浙江大学出版社2010年版。

93. 邢捷主编：《公安执法与行政许可法适用》，群众出版社2003年版。

三、论文

1. 周佑勇："行政法基本原则的反思与重构"，载《中国法学》2003年第4期。

2. 周佑勇："行政裁量的治理"，载《法学研究》2007年第2期。

3. 周佑勇："行政法的正当程序原则"，载《中国社会科学》2004年第4期。

4. 周佑勇："行政裁量的均衡原则"，载《法学研究》2004年第4期。

5. 周佑勇："论行政裁量的利益沟通方式"，载《法律科学（西北政法大学学报）》2008年第3期。

6. 周佑勇："公民行政法权利之宪政思考"，载《法制与社会发展》1998年第2期

7. 王锡锌："自由裁量与行政正义——阅读戴维斯《自由裁量的正义》"，载《中外法学》2002年第1期。

8. 王锡锌："行政过程中相对人程序性权利研究"，载《中国法学》2001年第4期。

9. 王锡锌："规则、合意与治理——行政过程中ADR适用的可能性与妥当性研究"，载《法商研究》2003年第5期。

10. 王锡锌："公众参与：参与式民主的理论想象及制度实践"，载《政治与法律》2008年第6期。

11. 王锡锌："正当法律程序与'最低限度的公正'——基于行政程序角度之考察"，载《法学评论》2002年第2期。

12. 王锡锌："利益组织化、公众参与和个体权利保障"，载《东方法学》2008年第4期。

13. 王锡锌、章永乐："专家、大众与知识的运用——行政规则制定过程的一个分析框架"，载《中国社会科学》2003年第3期。

14. 王锡锌："公共决策中的大众、专家与政府——以中国价格决策听证制度为个案的研究视角"，载《中外法学》2006年第4期。

15. 关保英："论行政相对人的程序权利"，载《社会科学》2009年第7期。

16. 葛大勇："行政相对人程序性权利初探"，载《行政论

坛》2006 第 5 期。

17. 赵振华："刍议行政相对人的程序对抗权" 载《法学论坛》2000 年第 3 期。

18. 张庆福、冯军："现代行政程序在法治行政中的作用"，载《法学研究》1996 年第 4 期。

19. 于立深："程序的多重视角"，载《法制与社会发展》2003 年第 2 期。

20. 于立深："行政立法过程的利益表达、意见沟通和整合"，载《当代法学》2004 年第 2 期。

21. 方世荣："对当代行政法主体双方地位平等的认知——从行政相对人的视角"，载《法商研究》2002 年第 6 期。

22. 崔卓兰："论确立行政法中公民与政府的平等关系"，载《中国法学》1995 年第 4 期。

23. 崔卓兰、蔡立东："从压制型行政模式到回应型行政模式"，载《法学研究》2002 年第 4 期。

24. 羊琴："行政相对方权利制约行政权的若干思考"，载《法商研究（中南政法学院学报）》2000 年第 2 期。

25. 姜明安："我国行政程序立法模式选择"，载《中国法学》1995 年第 6 期。

26. 姜明安："行政程序：对传统控权机制的超越"，载《行政法学研究》，2005 年第 4 期。

27. 姜明安："公众参与与行政法治"，载《中国法学》2004 年第 2 期。

28. 姜明安："新世纪行政法发展的走向"，载《中国法学》2002 年第 1 期。

29. 孙笑侠："论新一代行政法治"，载《外国法译评》1996 年第 2 期。

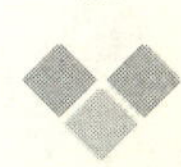

30. 孙笑侠："法律程序设计的若干法理——怎样给行政行为设计正当的程序"，载《政治与法律》1998 年第 4 期。

31. 孙笑侠："论法律程序中的人权"，载《中国法学》1992 年第 1 期。

32. 杨建顺："行政裁量的运作及其监督"，载《法学研究》2004 年第 1 期。

33. 章剑生："论行政程序法上的行政公开原则"，载《浙江大学学报（人文社会科学版）》2000 年第 6 期。

34. 章剑生："现代行政程序的成因和功能分析"，载《中国法学》2001 年第 1 期。

35. 章剑生："论行政行为说明理由"，载《法学研究》1998 年第 3 期。

36. 章剑生："论行政相对人在行政程序中的参与权"，载胡建淼主编：《公法研究》，商务印书馆 2004 年版。

37. 王立勇："论正当程序中的说明理由制度"，载《行政法学研究》2008 年第 2 期。

38. 张晓光："行政相对人在行政程序中的参与权"，载《行政法学研究》2000 年第 3 期。

39. 胡延广："现代社会中的行政裁量"，载《理论月刊》2005 年第 9 期。

40. 陈丽芳："论行政程序对行政自由裁量权的控制"，载《河北法学》2000 年第 4 期。

41. 张泽想："论行政法的自由意志理念——法律下的行政裁量，参与及合意"，载《中国法学》2003 年第 2 期。

42. 沈岿："法治和良知自由——行政行为无效理论及其实践之探索"，载《中外法学》2001 年第 4 期。

43. 柳砚涛、刘宏渭："论无效行政行为防卫权及其矫正机制”，载《行政法学研究》2003 年第 2 期。

44. 王桂源：“论法国行政法中的均衡原则”，载《法学研究》1994 年第 3 期。

45. 朱芒：“论我国目前公众参与的制度空间——以城市规划听证会为对象的粗略分析”，载《中国法学》2004 年第 3 期。

46. 朱芒：“行政程序中正当化装置的基本构成——关于日本行政程序法中意见陈述程序的考察”，载《比较法研究》2007 年第 1 期。

47. 朱芒：“行政立法程序基本问题试析”，载《中国法学》2000 年第 1 期。

48. 方洁：“参与行政的意义——对行政程序内核的法理解析”，载《行政法学研究》2001 年第 1 期。

49. 陈瑞华：“通过法律实现程序正义——萨默斯‘程序价值’理论评析”，载《北大法律评论》1998 年第 1 期。

50. 陈瑞华：“走向综合性程序价值理论——贝勒斯程序正义理论述评”，载《中外社会科学》1999 年第 6 期。

51. 陈瑞华：“程序正义论——从刑事审判角度的分析”，载《中外法学》1997 年第 2 期。

52. 陈瑞华：“程序性制裁制度研究”，载《中外法学》2003 年第 4 期。

53. 叶必丰：“行政合理性原则的比较与实证研究”，载《江海学刊》2002 年第 6 期。

54. 叶必丰：“公共利益本位论与行政程序”，载《政治与法律》1997 年第 4 期。

55. 叶必丰：“现代行政行为的理念”，载《法律科学（西北政法学院学报）》1999 年第 6 期。

56. 杨解君：“从多维视角看契约理念在行政法中确立的正

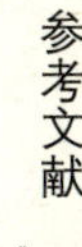

当性”，载《江海学刊》2003 年第 2 期。

57. 杨解君：“论契约在行政法中的引入”，载《中国法学》2002 年第 2 期。

58. 杨解君、张治宇：“论行政立法中的沟通与协商”，载《行政法学研究》2006 年第 3 期。

59. 施建辉：“行政执法中的协商与和解”，载《行政法学研究》2006 年第 3 期。

60. 季涛：“行政权的扩张与控制”，载《行政法学研究》1997 年第 1 期。

61. 郑春燕：“程序的价值视角——对季卫东先生《法律程序的意义》一文的质疑”，载《法学》2002 年第 3 期。

62. 李思梅：“程序正义与行政相对方权益的保护”，载《人大研究》，2001 年第 8 期。

63. 韦光非：“以公民权利制约行政权”，载《行政与法（吉林省行政学院学报）》2004 年第 12 期。

64. 艳佳华：“当代中国社会转型期政府权力运行机制重塑研究”，华东师范大学 2004 年博士学位论文。

65. 赫然：“行政相对方权利研究”，吉林大学 2005 年博士学位论文。

66. 李卫华：“行政参与主体研究”，山东大学 2008 年博士学位论文。

67. 闫丽彬：“行政程序价值论”，吉林大学 2005 年博士学位论文。

68. 朱维究、胡卫列：“行政行为过程性论纲”，载《中国法学》1998 年第 4 期。

69. 李琦：“论法律上的防卫权——人权角度的观察”，载《中国社会科学》2002 年第 1 期。

70. 季卫东:“程序比较论”,载《比较法研究》1993 年第 1 期。

71. 杨立新、刘宗盛:“论抗辩与抗辩权”,载《河北法学》2004 年第 10 期。

72. 石红心:“从‘基于强制’到‘基于同意’一论当代行政对公民意志的表达”,载《行政法学研究》2002 年第 1 期。

73. 章志远:“行政相对人程序性权利研究”,载《中共长春市委党校学报》2005 第 1 期。

74. 谭元满:“论行政相对人的程序权利”,湘潭大学 2003 年硕士学位论文。

75. 王克稳:“略论行政听证”,载《中国法学》1996 年第 5 期。

76. 苏元华、原永红:“行政处罚申辩权三题”,载《山东法学》1997 年第 3 期。

77. 谢生华:“论行政处罚中当事人的申辩权——对行政处罚听证程序的几点思考”,载《甘肃政法学院学报》2003 年第 5 期。

78. 尹腊梅:“民法抗辩权论”,厦门大学 2007 年博士学位论文。

79. 张兴祥:“《行政许可法》有关听证规定之反思”,载《上海政法学院学报》2006 年第 3 期。

80. 胡建淼、邢益精:“公共利益的法理之维——公共利益概念透析”,载《法学》2004 年第 10 期。

81. 吴爱娟:“完善我国行政许可听证制度的思考”,载《江苏警官学院学报》2007 年第 3 期。

82. 许跃辉、张兄来:“论行政许可中的听证制度”,载《国家行政学院学报》2005 年第 2 期。

83. 石佑启:“行政听证笔录的法律效力分析”,载《法学》2004 年第 4 期。

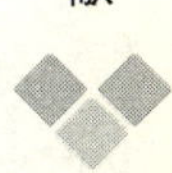

84. 沈福俊："立法本意与行政执法实践的冲突与协调——以行政处罚听证范围的理解与适用为分析对象"，载《法商研究》2007年第6期。

85. 陈睿："论行政处罚听证的举证责任"，载《河北法学》1999年第3期。

86. 徐继敏："试论行政处罚证据制度"，载《中国法学》2003年第2期。

四、外文著作

1. Keith Graham, *The Battle of Democracy*, Weatsheaf Books Ltd., 1986.

2. Mauro Cappelletti and William Cohen, *Comparative Constitutional Law*, The Bobbs Merrill Company Inc., 1979.

3. William Cohen and David J. Danelski, *Constitutional Law - Civil Liberty and Individual Rights*, 3rd ed., The foundation Press, Inc., 1994.

4. Kenneth Culp Davis, *Discretionary Justice: A Preliminary Inquiry*, Louisiana State University Press, Baton Rouge, 1969.

5. Kenneth Culp Davis, *Administrative law and Government*, West Publishing Co., 1975.

6. Dinae Longley and Rhoda James, *Administrative Justice*, Cavendish Publishing Limited, 1999.

7. D. J. Galligan, *Due Process and Fair Procedures*, Clarendon Press, Oxford, 1996.

8. Michael Harris and Martin Partington, *Administrative Justice in the 21st Century*, Hart Publishing, Oxford, 1999.

9. Thibaut, John W. and Laurens Walker, *Procedural Justice: A*

Psychological Analysis, Hillsdale, NJ: Erlbaum, 1975.

10. Jan Kooiman, *Modern Government: Society Interaction*, Newbury Park, 1993.

11. Larry Kramer, *The People Themselves: Popular Constitutionalism and Judicial Review*, Oxford University Press, 2004.

12. Hebert N. Foerstel, *Freedom of Information and the Right to Know*, Greenwood Press, 1999.

13. Michael D. Bayles, *Principles of Law*, Reidel publishing company, 1978.

14. Christopher Osakwe, "The Bill of Rights for the Criminal Defendant in American Law", in J. A. Andrews ed., *Human Rights in Criminal Procedure*, Martinus Nijhoff Publishers, 1982.

15. Jerry L. Mashaw, *Due Process in Administrative State* , New Haven: Yale University Press, 1985.

16. Felix Frankfurter, *United States Supreme Court Report* (87 *Law. Ed. Oct.* 1942 *Term*), The Lawyers Cooperative Publishing Company, 1943.

17. Mark. Van Hoecke, *Law as Communication*, Hart publishing, 2002.

18. Leon Petrazycki, *Law and Morality*, transl, H. W. Babb, Cambridge, Mass, 1995.

19. R. Dworkin, *Taking Right Seriously*, Harvard University Press, 1978.

20. Neil vidmar, "Retribution and Revenge", in Joseph Sanders & V. Lee Hamilton eds., *Handbook of justice Research in Law*, Kluwer Academic/ plenum Publishers, 2001.

后记

本书是在我的同名博士学位论文的基础上，吸收各位答辩委员会以及其他许多专家的宝贵意见后，经过进一步修改、充实而成。行政法治的关键在于法治行政裁量，行政程序是有效治理行政裁量的必然选择，而行政程序的核心是听证，听证的核心是抗辩，无疑，行政程序抗辩权的构建对于现代行政法治实践有着不可或缺的作用，但我国当下关于行政程序抗辩权的现状令人担忧：一方面研究行政程序抗辩权的理论还相当贫困，如相关科研成果除了对行政程序抗辩权的概念有诸多探讨之外，对行政程序抗辩权的理论基础、价值表征以及保障与救济等都有失系统、深入之研究，而且对行政程序抗辩权的概念本身的界定也是众说纷纭、歧义丛生，较为混乱；另一方面，虽然我国《行政处罚法》与《行政许可法》这两部单行法对行政相对人的行政程序抗辩权皆有所规定，具有划时代的意义，然而，行政程序抗辩权的制度化建设还任重道远，如《行政处罚法》对于什么是行政处罚听证程序中的抗辩权、行政处罚听证程序中抗辩权适用的条件怎样以及行政处罚听证程序中抗辩权运行的理想状态如何等问题，还有待进一步创新、完善与发展。

因上述缘由，在导师周佑勇教授的有力指导与热心鼓舞下，我毅然决定以“行政程序抗辩权论”作为本书的选题，并进行积极之研究，意欲为推动中国行政法治事业的繁荣与发展，尽点绵薄之力。因本书创作资料的极为匮乏、自身的才疏学浅，虽然我坚忍了创作中的无数艰辛与困苦，但最终成果仍缺失颇多、不尽如人意。如对于“究竟什么是行政程序抗辩权”还需进一步考问；对于行政程序抗辩权的救济制度仍需进一步阐明等。故而，本书的重要意义还在于抛砖引玉，祈望行政法学界专家、学者共同关注与认真对待行政程序抗辩权。

本书能在长时间的煎熬中得以最终完成，实穷众人之力，因此，我必须怀着一颗感恩的心对指导、关心与帮助我的老师们、学友们及亲人们表示最诚挚的谢意与敬意。

首先，我要特别感谢的是我的导师周佑勇教授，本书从选题、构思、写作直至最后完成的每一步都凝结着恩师的智慧、心力和汗水。恩师不仅在学术上给予了我富有成效的引领与教诲，而且在生活、工作上对我充满着无限的人文关怀。恩师做人、做学问堪称楷模：在做人方面，恩师胸怀宽广、为人朴实、乐于助人；在做学问方面，恩师求真务实、精益求精，而且科研成果之丰盛、学术造诣之深厚，是行政法学界一朵引人注目的奇葩。因此，恩师的人格魅力与学术精神将永远激励着我奋发图强、永不停顿。从博士学位论文的开题、创作直至本书的完稿，武汉大学德高望重且学问渊博的李龙教授、博学多才且宽容他者的周叶中教授、乐观豁达且才思敏捷的秦前红教授、风趣幽默且能言善辩的陈晓枫教授、慈祥和蔼且睿智充盈的林莉红教授以及治学严谨兼具儒雅风采的江国华教授等，都对我提出了很有意义的批评与指正，在此，我谨向尊敬的老师们致以最诚挚的谢意与敬意！

其次，在攻读博士学位期间，学兄戴建华、邓志、谭剑以及官继慧等对我给予了兄弟般的关怀与帮助，尤其是学兄戴建华与邓志，不仅在学术上给了我诸多启发，而且对我沉重的家庭负担与经济压力深表同情，并给予了应有的精神宽慰与物质扶持。学姐钟芳对我的博士论文选题与构思提供了一些有益的建议，并在我艰辛的创作历程中给予了许多热情的鼓励；学姐文婧对我的论文的校对与打印也付出了很多的辛劳与汗水，在此，我谨对亲爱的学兄们与学姐们表示由衷的感谢！

最后，在攻读博士学位期间以及在本书的进一步修改完善期间，我的胞兄龚向和教授以及嫂子谢静琪女士对我的刻苦求学一直表示高度理解与支持，在学术上给我指点迷津，在精神上给我安慰，在物质上给予了我应有的扶持。此外，我的妻子刘目兰女士、岳父、岳母等为了我能安心苦读，学有所成，也做出了太多的牺牲，在此，我谨向我的亲人们致以最诚挚的谢意！

龚向田
谨识于怀化慎思、敏行书斋
2015 年 7 月 6 日

图书在版编目（CIP）数据

行政程序抗辩权论/龚向田著.—北京:中国政法大学出版社，2015.11
ISBN 978-7-5620-6390-2

Ⅰ.①行…　Ⅱ.①龚…　Ⅲ.①行政程序—研究—中国　Ⅳ.①D922.104

中国版本图书馆CIP数据核字(2015)第247965号

出 版 者　中国政法大学出版社

地　　址　北京市海淀区西土城路25号

邮寄地址　北京100088信箱8034分箱　邮编100088

网　　址　http://www.cuplpress.com（网络实名：中国政法大学出版社）

电　　话　010-58908285(总编室)　58908334(邮购部)

承　　印　固安华明印业有限公司

开　　本　880mm×1230mm　1/32

印　　张　7.375

字　　数　172千字

版　　次　2015年11月第1版

印　　次　2015年11月第1次印刷

定　　价　22.00元